Kibreab Habtemichael

Geopolítica Afro - Europeia

Kibreab Habtemichael

Geopolítica Afro - Europeia

O Paradoxo de África - Passado e Presente

ScienciaScripts

Imprint

Any brand names and product names mentioned in this book are subject to trademark, brand or patent protection and are trademarks or registered trademarks of their respective holders. The use of brand names, product names, common names, trade names, product descriptions etc. even without a particular marking in this work is in no way to be construed to mean that such names may be regarded as unrestricted in respect of trademark and brand protection legislation and could thus be used by anyone.

Cover image: www.ingimage.com

This book is a translation from the original published under ISBN 978-3-659-70554-0.

Publisher:
Sciencia Scripts
is a trademark of
Dodo Books Indian Ocean Ltd. and OmniScriptum S.R.L publishing group

120 High Road, East Finchley, London, N2 9ED, United Kingdom
Str. Armeneasca 28/1, office 1, Chisinau MD-2012, Republic of Moldova, Europe
Printed at: see last page
ISBN: 978-620-7-85054-9

ÍNDICE DE CONTEÚDOS:

Preâmbulo

África, a origem da humanidade, civilização antiga, cultura e tradições profundamente enraizadas, hospitalidade e valores únicos. Um continente com paisagens magníficas, vida selvagem e recursos ricos. Quando penso em todas estas bênçãos, sinto-me sempre orgulhoso de ser africano. Ser o filho de África que cresceu com valores ricos e um ambiente fascinante. Por outro lado, tenho sempre a questão de saber "porque é que África é o símbolo do conflito, da fome e da pobreza? Por que é que este magnífico continente está atrasado em relação ao resto do mundo e por que é que os africanos não podem usufruir dos frutos do desenvolvimento?

Este paradoxo de África trouxe uma imagem mista do continente. Neste livro, tentei chamar a atenção para o impacto do colonialismo passado e para os problemas actuais de África. O livro tenta explorar especificamente a compreensão das questões centrais do continente e abordar esses desafios desde a sua origem. Assim, a geopolítica afro-europeia será mais otimista do que um futuro perigoso. A geopolítica como disciplina tem um grande potencial para refletir a história afro-europeia, a localização estratégica, a segurança e os desafios da política externa e tenta traçar um roteiro para o seu futuro.

Estou certo de que os leitores terão a oportunidade de explorar o continente africano em geral e de compreender o passado para resolver os desafios actuais e futuros em particular.

Kibreab Habtemichael

setembro, 2017

Alemanha.

CAPÍTULO 1

África: Antecedentes

Destaques da história africana antiga

África é habitada há milhares de anos. O continente é designado como a "origem do género humano". Os primeiros ocupantes de África eram caçadores e recolectores que viviam uma existência precária em constante procura de alimentos. Os bosquímanos do Kalahari são um bom exemplo. Os caucasóides migraram para o Norte e Leste de África, ao longo das costas mediterrânicas e dos lagos da África Oriental, e deram grandes contributos para o desenvolvimento cultural do continente. A agricultura e a consequente expansão da população fazem-se sentir há mais de 3.000 anos. O vale do rio Nilo é pioneiro na agricultura, juntamente com o Eufrates e o Tigre.

O aumento da população levou à utilização intensiva da terra e à expansão. Os primeiros movimentos do homem em África estavam associados ao aumento do número de pessoas. O avanço para sul dos povos caucasóides e nilo-hamíticos foi em grande parte possibilitado pela grande mobilidade que lhes foi dada com a domesticação do gado, o que lhes permitiu estabelecerem-se como uma aristocracia sobre os povos agrícolas semi-sedentários. Mas a mosca tsé-tsé e a região das florestas tropicais limitaram o avanço dos pastores.

A maioria das tentativas de classificação física ou racial remonta a esforços anteriores para compreender as origens e o desenvolvimento dos seres humanos em várias partes de África. A procura paleontológica das origens da humanidade em África tem uma longa história, ao longo da qual se tornou praticamente certo que os primeiros seres humanos tiveram origem em África. Os paleontólogos descobriram restos de esqueletos (muitas vezes meros fragmentos) de hominídeos cada vez mais antigos. Os restos de vários tipos de esqueletos datam de há cerca de 3 milhões de anos, principalmente na África Austral e Oriental, onde os depósitos de calcário são locais ideais para a preservação deste material. Um primata da família dos hominídeos, conhecido como Ramapithecus, foi encontrado na África Oriental e estão a ser descobertos tipos ainda mais antigos na Etiópia. Na África do Sul e na Tanzânia foram descobertas espécies de hominídeos fabricantes de ferramentas que datam de há cerca de 4 milhões de anos. Uma delas, uma forma esguia, foi designada Australopithecus Africanus; a outra, uma forma maior e mais tardia, é designada Australopithecus Robustus. Os tipos mais modernos, Homo Habilis e Homo erectus, desenvolveram-se na África Oriental há cerca de um milhão de anos, altura em que os tipos Australopithecus se tinham extinguido.

As formas de Neandertal no nordeste de África desenvolveram-se há cerca de 60.000 anos. Muitas outras formas modernas que se desenvolveram desde então foram encontradas, fundindo-se em hominídeos modernos. Há cerca de 35.000 anos, a Idade Média da Pedra Africana marcou a disseminação dos humanos modernos por toda a África (www.everyculture.com).

A revolução agrícola vivida pela África tropical teve várias fases distintas. Nas terras da savana, o cultivo de cereais foi primeiro aprendido nalgumas partes do continente e depois espalhado para as outras. Teff, Enset, Morila, Moringa, Baobab, Sorgo, Beringela Africana estão entre as poucas culturas com verdadeira origem indígena africana. No entanto, muitas das culturas encontradas em África foram introduzidas de outros continentes e provavelmente só chegaram depois do início da era cristã. A cevada, o trigo, o arroz e o inhame foram introduzidos do Sudeste Asiático entre 4.000 e 5.000 a.C. O milho, a mandioca e a batata-doce foram introduzidos em 1500 d.C., vindos da América.

O contacto com a Ásia não se limitou às culturas alimentares. Os imigrantes chegaram do Sudeste Asiático, incluindo a Indonésia, e instalaram-se ao longo das costas da África Oriental, tendo mais tarde migrado para o Malgaxe, onde se tornaram os antepassados da atual Madagáscar.

Primeiros Estados de África

Como expliquei acima, enquanto as coisas se desenrolavam na África tropical, a chegada do cultivo e das alfaias de ferro produzia um grande crescimento demográfico e migrações no continente. O conceito de agricultura organizada tinha-se espalhado no nordeste do continente. No Egipto, começaram a desenvolver-se vários centros urbanos. Rapidamente se deram grandes passos no pensamento político e religioso, ocorreram grandes realizações artísticas e a atividade económica foi mais longe do que antes. A unidade política foi de alguma forma conseguida no Estado mais complexo e mais densamente povoado do seu tempo. O Egipto dinástico foi o coração do poder e a fonte de ideias para a África e para o mundo durante vários milhares de anos. Sobreviveu entre cerca de 2650 e 1000 a.C.. No último milénio a.C. foi invadido por assírios, persas, gregos e romanos, pelo que o centro da autoridade real se deslocou para sul.

No início da era cristã, existiam vários centros importantes de inovação, tecnologia e poder político que teriam um impacto profundo no curso da cultura e desenvolvimento africanos a sul do Sara.

Os reinos de Kush, Cartago e Axum (a então Abissínia, a atual Etiópia) contam-se entre os exemplos mais importantes.

O Reino de Kush

Após o colapso da Idade do Bronze, o reino teve origem na Núbia. Centrava-se perto das cidades de Napata, que existia em 780 a.C. e depois mudou para Meroe em 590 a.C. Estava situado entre as 4th e 6th cataratas do rio Nilo, perto das actuais cidades de Atbara e Cartum, no Sudão. Na altura, era o centro da maior indústria de fundição de ferro do continente africano.

O Reino de Axum

O reino foi fundado pelos semitas há cerca de 2000 anos. Destruiu o reino de Kush depois de 100 d.C. e durou até 940 d.C. Estabeleceu a sua autoridade na metade norte da atual Etiópia. Axum era a capital do reino, que negociava com os gregos e os comerciantes sírios e se tornou um ator importante na rota comercial entre o Império Romano e a Índia antiga. É também o local onde se encontra a relíquia sagrada, a Arca da Aliança, que se diz ter sido colocada no presente, na magnífica Igreja de Santa Maria de Sião, em Axum. O famoso livro etíope *"The Kebra Nagast"* contém uma narrativa sobre o encontro da Rainha de Sabá/rainha da Etiópia com o Rei Salomão e traça o percurso da Etiópia até Menelik I, seu filho com o Rei Salomão de Israel, que se tornou o início da Dinastia de Salomão. O reino de Axum foi também uma das primeiras cidades africanas económica e politicamente suficientemente ambiciosas para emitir as suas próprias moedas de ouro e bronze, com legendas em ge'ez e grego.

Axum é também a origem e o centro do antigo cristianismo etíope, do judaísmo e do islamismo no continente. O rei Ezana de Axum fez do cristianismo a religião de Estado do seu império no século 4th, após a chegada dos monges sírios Adesius e Frumentius à costa do Mar Vermelho.

Os primeiros muçulmanos chegaram à Etiópia já em 615 d.C., quando o Profeta Maomé enviou alguns dos seus seguidores, perseguidos pelo governador de Meca, para a Etiópia, atravessando o Mar Vermelho. Estes refugiados foram acolhidos com grande hospitalidade pelo rei axumita. Quando os adversários do profeta pediram ao rei que os extraditasse, este recusou e deu-lhes asilo. Esta fuga dos primeiros muçulmanos para a Etiópia é considerada a primeira Hijra da história islâmica. A gratidão para com os etíopes é ainda preservada nos Hadith.

Cartago

Este reino foi estabelecido no 2nd milénio a.C. Os fenícios fundaram várias cidades-estado ao longo da costa do Magrebe, da Tunísia até à costa atlântica de Marrocos. A maior e mais importante delas foi Cartago, que no seu apogeu terá tido uma população superior a meio milhão de pessoas. Dependia do comércio e das regiões circundantes para obter cereais. A sua influência quase não se estendeu a sul do Sara até à sua dissolução em 140 a.C.

Império do Gana (700-1200)

Com o nome próprio de Awkar, foi o mais antigo dos Estados da África Ocidental. O Gana situava-se na parte ocidental do atual Mali, a norte das principais cabeceiras dos rios Senegal e Níger. As suas bases económicas eram o ouro de aluvião do sul, que exportava para norte; também se dedicava ao comércio de escravos. O ouro era extraído fora do seu território. Do norte, as caravanas traziam cobre, frutos secos e outras mercadorias que eram trocadas no Gana e depois distribuídas por todo o Sudão.

Mali (1200-1500)

Surgiu em meados do século XIIIth . A sua força estava também muito dependente das rotas das caravanas para o norte, mas, ao contrário do Gana, a sua área incorporava os territórios produtores de ouro, o que dava ao Estado uma grande segurança. O Mali atingiu o seu apogeu durante o primeiro quartel do século XIVth , altura em que foi criada a instituição de ensino superior de Timbuktu.

Songhai (1350-1591)

A sua população esteve durante muito tempo sujeita aos governantes do Mali. Gao era a capital. A agricultura e o comércio floresciam em todo o reino. O reino foi enfraquecido por rivalidades familiares na liderança e pela competição entre os vários generais do exército bem sucedido. Este facto levou à desintegração de Songhai no final da década de 1590.

Costa da Guiné

O litoral é a região compreendida entre a estepe da savana, a norte, e o oceano, a sul. Após o aparecimento dos europeus, os estados costeiros fortaleceram-se. Os colonos da floresta estavam à mercê dos estados da savana, que frequentemente faziam incursões para obter escravos. Quando os europeus chegaram ao litoral, construíram aí feitorias e exigiram os mesmos produtos que as caravanas tinham transportado durante muito tempo para norte, através do deserto. Além disso, trouxeram armas de fogo para os povos da floresta, o que fez com que estes se vissem subitamente com vantagens económicas e militares como nunca antes.

Benim

Originalmente um grupo de estados, no século XVth foi consolidado pela primeira de uma forte dinastia de reis. Entre outras coisas, era conhecida pelos seus fabulosos bronzes e outras obras de arte, e centro de comércio.

Dahomey

Com capital em Abomey, o reino existiu desde 1600 até à conquista pelos franceses em 1894. A economia nacional centrava-se essencialmente na agricultura e no artesanato para consumo local. Dependia também, em grande medida, do comércio de escravos.

Ashanti

Situava-se no interior do atual Gana, com a sua antiga capital em Kumasi. O Estado resultou da união de vários Estados. Cresceu durante o século XVIIIth . Os Ashanti dedicavam-se sobretudo à agricultura e vendiam ouro e minerais para comprar armas e munições. A escravatura era historicamente uma tradição no Império Ashanti, sendo os escravos normalmente levados como cativos de inimigos em guerra. O bem-estar dos seus escravos variava entre a possibilidade de adquirirem riqueza e de se casarem com a família do senhor e de serem sacrificados em cerimónias fúnebres. Os Ashanti acreditavam que os escravos seguiriam os seus senhores na vida após a morte. Por vezes, os escravos podiam ser proprietários de outros escravos e podiam também pedir um novo senhor se considerassem que estavam a ser severamente maltratados (Alfred B.E, 1889, 2007).

Terra Zulu

[th]Foi o império militar do século XIX. Controlava uma extensa região pastoril e rica em caça, desde o Natal até ao Zambeze. Shaka, um dos reis, amalgamou muitas tribos separadas na mais forte nação da África Austral. Foi ocupado pelos britânicos em 1828.

Em geral, como já referi anteriormente, grande parte de África teve uma longa e rica história. Tal como os Estados actuais, tinha vilas e cidades, uma divisão do trabalho claramente definida, estruturas de classes, redes de comunicação e esferas de influência e de posse.

O comércio de escravos

As conquistas territoriais nas Américas nos séculos 16th e 17th foram frequentemente acompanhadas pelo extermínio da população nativa, os índios vermelhos. Foi o que aconteceu na América do Norte.

Os índios vermelhos eram menos robustos do que os africanos, menos resistentes a doenças de todos os tipos e eram pobres escravos. Para desenvolver e explorar as ricas terras das Américas, foi estabelecido o lucrativo tráfico transatlântico de escravos. Embora a escravatura não fosse uma novidade na África Ocidental, em particular, e em toda a África, em geral, o rei das incursões de escravos era-o certamente. Na savana, reis, chefes e famílias proeminentes aceitavam escravos, mas o seu número era reduzido e o seu estatuto era diferente de tudo o que estava reservado para aqueles que seriam levados em cativeiro para o outro lado do Atlântico.

O trágico impulso para o crescente contacto entre África e o resto do mundo foi a escravatura. Ao longo de doze séculos, cerca de vinte e cinco milhões de pessoas da África a sul do Sara foram forçadas a tornar-se escravas, para serem exportadas como mercadoria dos seus países de origem. Muitos jovens africanos foram vítimas do tráfico de escravos, mortos durante os ataques ou as guerras, ou morreram durante a longa marcha para a costa, nos campos que aguardavam o transporte e, sobretudo, durante a longa viagem marítima (Klein H. S. e J. Klein, 1999).

De facto, o comércio de escravos em grande escala tinha sido introduzido na África Oriental muito antes de os europeus o terem levado para a África Ocidental. Os intermediários africanos do litoral atacavam o interior em busca de homens e mulheres fortes e em boa forma física e levavam-nos acorrentados para os mercados árabes na costa. Estes eram depois embalados em barcos especialmente construídos para o efeito e transportados para a Arábia, a Pérsia e a Índia.

O comércio começou em 17th C, com os mercadores árabes a utilizarem as rotas trans-saarianas de caravanas de camelos para trocar armas, têxteis e especiarias do Norte de África por escravos, ouro e marfim da África a sul do Sara. Cerca de dois terços dos dez milhões de escravos exportados entre 650 e 1900 ao longo desta rota eram mulheres jovens que se tornaram concubinas e empregadas domésticas das famílias ricas e reais do Médio Oriente, da Pérsia (atual Irão) e da Índia.

O famoso e lucrativo tráfico de escravos constituiu a principal motivação inicial para o comércio europeu ao longo das costas africanas e lançou a longa era de exploração europeia de África para obter lucros e vantagens políticas. O tráfico de escravos controlado pela Europa foi, de longe, o maior. [th][th]Entre os séculos XVI e XIX, a captura, o transporte e a venda de escravos foram a preocupação exclusiva do comércio entre o mundo europeu e a África Ocidental. O zénite do tráfico transatlântico de escravos ocorreu entre 1700 e 1870, altura em que cerca de 80% dos 10 milhões de escravos estimados fizeram a travessia.

Quando pensei nas duras consequências que o tráfico de escravos deixou, fui muito mais longe:

- *A guerra interna tornou-se rotineira e multiplicou-se;*
- *Bloqueio do desenvolvimento político e económico;*
- *Perturbação da evolução dos grandes impérios;*
- *Ajudou a desmantelar os impérios já existentes.*

E, ao mesmo tempo, pensei: se os europeus tivessem feito comércio com os africanos numa base de igualdade, teriam trocado por produtos africanos, carroças e rodas, materiais que poderiam aumentar a produção. Se também tivessem proporcionado educação e formação, em vez de procurarem escravos, a situação em África hoje seria certamente diferente.

Mas o facto é que, em troca dos escravos, da goma, do marfim, do ouro e de outros recursos, a Europa introduziu em África bibelôs e bugigangas, tangas, jóias, tabaco, pólvora e armas de fogo e, o pior de tudo, o álcool. Desde o momento dos primeiros contactos entre europeus e africanos na costa da África Ocidental, o álcool era um dos artigos de eleição no comércio.

Das 193.000 francos de mercadorias trazidas de Marselha para Cotonou (Benim) nos últimos três meses de 1890, 134.000 francos eram álcoois e vinhos (Patrick M., 1982).

Geografia: Língua, Flora e Fauna de África

O continente africano, com cerca de 1,2 mil milhões de habitantes, ocupa um lugar especial no mundo. Pelo menos duas mil línguas são faladas em África, das quais cerca de cem grupos linguísticos se encontram numa grande zona da África tropical que se estende do Senegal à Guiné, passando pela África Ocidental até ao Sul do Sudão. Na

Etiópia, Nigéria e Serra Leoa, são faladas 88, 350 e 16 línguas indígenas, respetivamente. Fora desta zona alargada, existem duas grandes áreas de maior afinidade linguística, a norte e a sul:

a) No Norte e no Nordeste de África predominam as línguas semíticas (árabe), incluindo os grupos linguísticos semíticos africanos (amárico, tigrigna), cushitic e berbere, bem como as línguas chadicas (como o hausa).

b) Na África Austral, Ocidental e Central, predominam as línguas Níger-Congo, incluindo o grupo linguístico Bantu, extremamente difundido (incluindo o Swahili). Existem áreas mais localizadas de grupos linguísticos do Sara Oriental e da Núbia no Centro-Norte de África. As famílias de línguas malaio-polinésias também são predominantemente faladas em Madagáscar.

c) As línguas de origem europeia também se desenvolveram em algumas regiões, como o inglês, o francês, o português e o africâner. Línguas como o árabe, o swahili, o hausa e o africâner têm um significado mais do que local. De acordo com muitos estudiosos de línguas, a principal razão para este facto é o enorme espetro de diversidade linguística do continente. Por esta razão, não é de admirar que as línguas europeias das potências coloniais, em particular o inglês, o francês e, em menor escala, o português e o italiano, se tenham tornado línguas francas e oficiais de numerosos países da África Subsariana.

Quando falamos da rica história geológica de África, a sua superfície encontra-se sob algumas das partes mais antigas da crosta do planeta. Atualmente, África forma o coração das massas terrestres da Terra, uma localização relativa que pode ainda tornar-se um dos seus maiores trunfos. O Vale do Nilo, no Norte e no Leste de África, foi o cenário de uma das primeiras civilizações duradouras e criativas, um centro cultural cujas inovações irradiaram em todas as direcções.

O antigo Egipto foi para África o que, milhares de anos mais tarde, a antiga Grécia foi para a Europa: uma fonte de conhecimento e ideias, um lugar de inovação e sabedoria. Quando os primeiros Estados da África Ocidental se formaram, os seus governantes modelaram o sistema político com base no exemplo egípcio.

Naquela época, há mais de 2000 anos, o continente africano era um único domínio geográfico. No entanto, hoje em dia, a África é um continente de dois domínios geográficos: o Norte, uma parte que a liga à Europa e ao Médio Oriente; e a África Subsariana, que se relaciona com o Sudeste Asiático e o subcontinente indiano.

Mais do que qualquer outro continente, a evolução tectónica pós-paleozóica de África tem sido dominada por riftes. África passou por pelo menos sete grandes episódios de rifting desde o início do Permiano.

O mais antigo destes episódios precedeu a desagregação da Gondwanaland, sendo que o mais significativo envolveu o rift e a formação da bacia do Karoo. O rifteamento do final do Triássico e início do Jurássico esteve associado à separação do Noroeste de África e da América do Norte, que foi notavelmente associado à criação da cintura montanhosa do Atlas no Norte de África.

A abertura inicial do Oceano Índico no início e meados do período Jurássico levou à separação de Malagasy da terra principal de África. Foram criadas várias estruturas imediatamente antes e durante a separação da América do Sul da África Ocidental. O período Cenozoico apresenta estruturas no sistema de fendas da África Oriental, que está diretamente relacionado com a formação do Mar Vermelho e do Golfo de Aden.

Os primeiros conceitos geopolíticos de *"Heartland"* e *"World Island"* foram cunhados por Sir Halford J. Mackinder em 1904. Ele classificou a Europa, a Ásia e a África como a "Ilha do Mundo". Nem todas as fendas vulcânicas conduziram à formação de bacias oceânicas, nem toda a expansão do nível do mar em torno de África foi precedida de atividade vulcânica de fendas.

A África é um dos continentes mais identificáveis; um continente sólido, compacto, uma ligação estreita à Ásia, a apenas 14 km do Sul da Europa através do Estreito de Gibraltar, com cerca de 240 km de largura entre o Mediterrâneo e o Golfo de Aqaba. África cobre cerca de 22,3 por cento da superfície terrestre do mundo e parece ter uma unidade física reconhecível.

A unidade física persistiu durante muitos milhões de anos, uma vez que grande parte do continente faz parte de um bloco rígido de rochas antigas, cujo suave envolvimento contribuiu grandemente para o atual contorno do continente, bem como para a série de bacias e ondulações que caracterizam grande parte do seu interior e influenciaram fortemente as suas vastas bacias de drenagem, seis das quais se encontram entre as maiores do mundo.

O continente estende-se a distâncias quase semelhantes no sentido Norte-Sul (8.000 km) e Este-Oeste (7.500 km). Esta enorme distância tem também enormes implicações ambientais. Grande parte de África está longe das fontes marítimas de humidade. Além disso, grandes partes do continente encontram-se em latitudes onde os sistemas de circulação atmosférica global produzem condições de aridez. O Sara, a norte, e o Kalahari, a sul, fazem parte de uma enorme zona desértica da Terra. Por esta razão, o abastecimento de água é um dos problemas de África, onde ocorrem frequentemente secas prejudiciais. Mais de dois terços do continente têm uma temperatura anual superior a 27°C, o que provavelmente representa uma área maior a esta temperatura do que em todo o resto do mundo, pelo que África pode ser considerada o mais quente dos continentes. O seu extremo norte situa-se a cerca de 37° N em Ras ben Sakka, na Tunísia, e o sul a 34° S no Cabo das Agulhas, na África do Sul.

O ponto ocidental do continente situa-se a 17° W no Cabo Vert e o seu extremo oriental está a mais de 51^0 E em Ras Hafun, na Somália. Assim, a África é essencialmente um continente tropical, com ternos de climas tropicais em ambos os lados do equador, e apenas áreas limitadas de condições de temperatura no extremo norte e sul e em altitudes elevadas. A localização de África influencia fortemente a sua vegetação, os seus solos, o seu potencial agrícola e a distribuição da população.

O continente tem também uma massa terrestre muito grande, representando cerca de um quinto de toda a superfície terrestre da Terra. Com uma superfície terrestre total de 30 298 107,49 km2 (11 698 111 milhas quadradas), ocupa o 2° lugar entre os continentes do mundo, a seguir à Ásia ([nd]). É cerca de 1,7 vezes maior do que a América do Sul, 3,24 vezes maior do que os EUA e mais de 6 vezes maior do que a Europa (S.Pulley, 1999).

A África a sul do Sara não tem uma orientação geográfica marcada em relação a qualquer outro continente.

O Norte de África e a África Oriental têm, no entanto, uma orientação geográfica única. Estão separadas da Europa apenas por uma estreita faixa de água através do Estreito de Gibraltar, abertas à navegação no Mar Mediterrâneo, e ligadas por uma ponte terrestre ao Próximo Oriente (pelo Canal do Suez). Estas partes de África contribuíram para o avanço da civilização ao longo de muitos séculos e sempre tiveram laços mais importantes com a Europa e o Médio Oriente do que com a própria África (Hance, W.A., 1976).

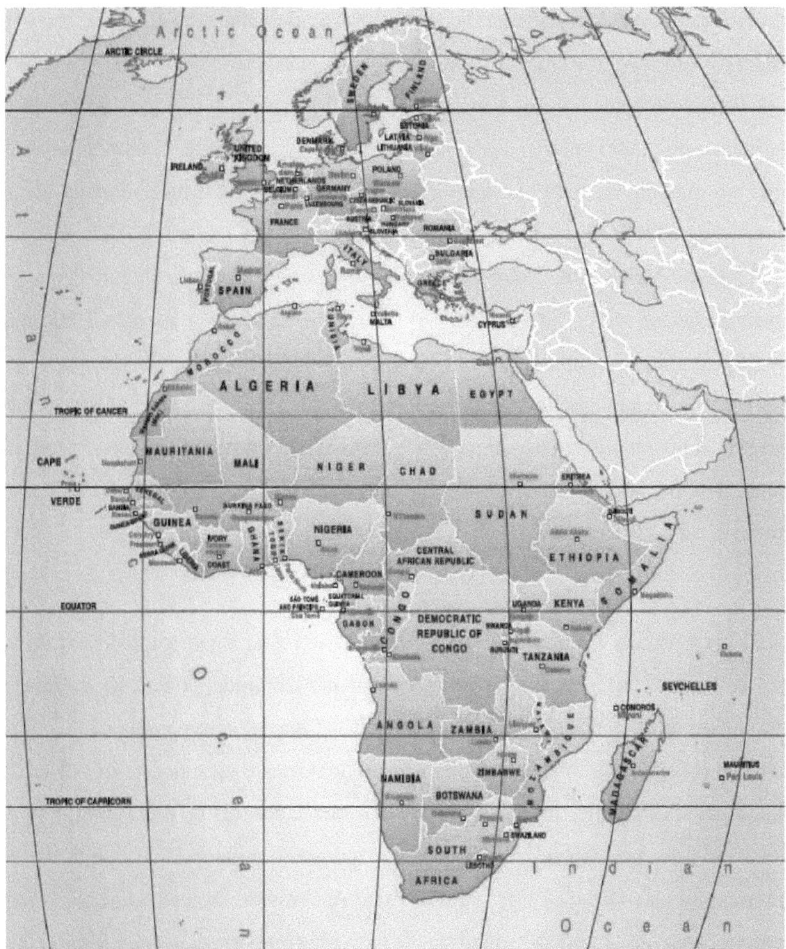

Durante centenas de anos, a África foi considerada pelos europeus como um "continente negro". Um continente remoto e em grande parte desconhecido. É certo que as circunstâncias físicas, as costas difíceis, a floresta densa, a acessibilidade limitada e os rios grandes e longos, impediram uma penetração profunda dos europeus. No entanto, a rápida ocupação do continente após a Conferência de Berlim (1884) impôs o domínio colonial em quase todo o continente.

Topografia

O relevo do continente distingue-se entre África "alta" e "baixa". Uma linha que traça a curva de nível de 1.000 metros no mapa de África, desde Angola até ao noroeste da Etiópia, divide o continente em partes altas e baixas.

A baixa África, a noroeste, é constituída por bacias sedimentares e planícies de 150 a 600 m. acima do nível do mar, incluindo o Sara e as bacias hidrográficas do baixo Nilo, as terras baixas de Afar na Etiópia, os rios Senegal, Níger, Chade e Zaire (Congo). As terras que se elevam acima de 1.000 metros estão confinadas principalmente à montanha Atlas no Magrebe; aos maciços do Sara, Ahaggar e Tibesti; a Jevbel Marra no Sudão; às terras altas dos Camarões; e às cabeceiras do Níger.

A maior parte da África "alta" é constituída por planaltos e planícies situados entre 1000 e 5.800 metros. Quase toda a alta África, a sul e a leste, se eleva acima dos 1.000 m., com exceção da Somália, das amplas planícies de ambos os lados do Canal de Moçambique e das planícies costeiras relativamente estreitas e faixas de vales noutros locais. Mesmo a bacia do Kalahari está acima dos 1.000 m. acima do nível do mar e, na África Oriental, as terras altas da Etiópia, do Quénia e da Tanzânia variam entre os 2.000 m. e os 5.800 metros acima do nível do mar.

Clima

A primeira caraterística é, sem dúvida, o facto de África estar simetricamente localizada em relação à latitude. A partir da cintura equatorial quente e húmida, podem ser traçadas séries de climas muito semelhantes para norte e para sul. O Sara, as zonas áridas da Namíbia e do Kalahari e a costa mediterrânica no extremo norte de África e no sudoeste da África do Sul. A segunda caraterística decorrente deste facto é que cerca de 75 por cento se situa nos trópicos. Esta é a percentagem mais elevada de todos os continentes. Isto significa que as temperaturas são elevadas na maior parte da área. Assim sendo, o elemento climático mais significativo e que limita tanto a produtividade agrícola como a vida animal é a precipitação. Em terceiro lugar, como grande parte de África é constituída por planaltos elevados, a altitude desempenha um papel muito significativo na moderação das temperaturas em áreas extensas. A maior parte da África a sul e a leste da bacia do Congo situa-se a uma altitude entre 1.000 e 3.000 metros. Por último, África possui alguns desvios notáveis em relação ao padrão mundial de distribuição climática, ou seja, no que diz respeito à utilidade humana, o padrão climático de África significa que uma grande parte tem baixa produtividade. Ou se trata de uma floresta extremamente densa com uma enorme quantidade de chuva (região da floresta tropical equatorial) ou de uma massa de terra muito árida e arenosa. A nível continental, a África ocupa o primeiro lugar em termos de extensão dos climas secos, possuindo cerca de um terço das terras áridas do mundo e a maior percentagem de terras áridas de todos os continentes, com exceção da Austrália.

A precipitação é escassa em cerca de 75% da África Subsariana e, em mais de metade do continente, a água é o principal fator físico que limita o progresso. Muitos países sofrem também de grandes flutuações, baixa fiabilidade da precipitação entre estações e de ano para ano. Por conseguinte, a agricultura está limitada à estação das chuvas na maior parte de África. As diferenças regionais nos regimes fluviais, na vegetação e na utilização dos solos podem ser explicadas principalmente em termos da variação, de local para local, da quantidade e da distribuição sazonal da precipitação. Por exemplo, a irrigação no Egipto, o cultivo itinerante na floresta tropical e a agricultura em socalcos na Etiópia.

As influências do clima em África

A temperatura elevada resulta em taxas elevadas de evaporação das superfícies do solo e da água. Torna o trabalho mental e físico muito difícil quando a temperatura excede os 30°C à sombra, especialmente se a humidade for elevada. A evaporação (perda de água da superfície) em muitos dos lagos e rios africanos é maior do que nas latitudes mais elevadas, particularmente quando as temperaturas elevadas são combinadas com uma humidade relativa baixa. Devido à maior procura de água, uma região que recebe 500 mm de precipitação anual, ou mesmo mais, pode ter muito pouca utilidade para o cultivo, a menos que seja irrigada. Um valor de precipitação de 1000 mm, que é considerável nas latitudes médias, pode ser apenas um terço eficaz. A agricultura em África é, portanto, mais precária, pelo menos neste aspeto, do que nas latitudes mais elevadas.

A falta e a gestão adequada da água é um problema em África. O clima limita a população nas suas actividades económicas. Este facto contribuiu para o subdesenvolvimento da economia africana. O trabalho nas zonas rurais de África é sazonal. As pessoas são mais dependentes da natureza e dos produtos agrícolas produzidos localmente do que as que vivem nos países industrializados. A produtividade é de subsistência ("da mão para a boca").

Com todos estes desafios naturais, o desafio existente, criado pelo homem, das *"alterações climáticas"*, está a esmagar duramente muitas explorações agrícolas africanas. A ausência de chuva sazonal, a imprevisibilidade e a falta de fiabilidade do clima afectam fortemente os agricultores africanos. Não conseguem lidar com a tendência nem adaptar-se à mudança.

Flora e Fauna

O homem tem sido extremamente importante para afetar as relações biogeográficas em

África. [th]Até à chegada dos europeus no século XVIII, as pessoas viviam no quadro do ecossistema, recorrendo a práticas como a agricultura itinerante e a pastorícia. Ao considerar a origem e a distribuição das espécies vegetais e animais em África, o efeito das barreiras físicas é claramente evidente. Em termos gerais, as plantas do Noroeste de África são comparáveis às da região mediterrânica no seu conjunto; e as da zona do Sudão e do Sara assemelham-se às plantas de regiões climáticas semelhantes do Sudoeste Asiático. Restam poucas extensões de território onde o coberto vegetal não tenha sido modificado pelo homem; os agricultores desbravaram as florestas para a agricultura, os caçadores queimaram os prados das savanas e os pastores apascentaram os seus rebanhos em todas as terras mais secas. O padrão básico de distribuição dos tipos de vegetação, como seria de esperar, corresponde muito de perto ao dos tipos climáticos, mas é modificado pelas condições locais de solo, drenagem, topografia e rocha, e pela incidência de fogo, cultivo e pastorícia. Os principais tipos de vegetação de África distinguem-se principalmente pelo tipo climático das regiões: floresta tropical, savana húmida e arborizada, savana arborizada seca, estepe arborizada e herbácea, prados temperados e subtropicais, vegetação mediterrânica, vegetação de montanha e vegetação desértica.

África é rica em várias espécies animais. No entanto, as actividades humanas tiveram graves repercussões na fauna africana. Registaram-se declínios drásticos na população de algumas espécies, algumas ao ponto de serem extintas, enquanto outras espécies se multiplicaram de tal forma que agora têm de ser regulamentadas. A fauna do deserto, a fauna da savana, a fauna da floresta, a fauna das águas interiores e a fauna das terras altas abrangem a maioria das espécies animais do continente.

CAPÍTULO 2

África, Europa e Colonialismo

Partição de África

A divisão europeia de África ficou quase concluída nas duas últimas décadas do século XIX. Não é muito fácil explicar o que foi preciso fazer na altura e num período muito curto. O curso da história de África foi profundamente alterado pelas potências coloniais da Europa. Cada potência veio com as suas próprias razões, com os seus próprios valores, percepções e instituições; e cada uma delas deixou a sua marca nos povos e nas paisagens sob a forma de cultura, política e ideologia.

Os portugueses

Os navegadores portugueses estabeleceram contacto com a África Ocidental na primeira metade do século XVth . Dedicavam-se ao lucrativo comércio de escravos. Os séculos XVth e XVIth podem muito bem ser designados por 'Séculos Portugueses', e a glória dos seus descobrimentos e navegadores. Embora não tenham sido os únicos a ocupar-se destes séculos, foram os primeiros a circum-navegar o Cabo da Boa Esperança em direção ao Oceano Índico, a estabelecer-se ao longo da costa oriental e a disputar a posse das terras do Oriente com os árabes. As suas povoações eram apenas periféricas. As cidades de Benguela, Angola e Maputo datam deste período. O seu interesse centrava-se sobretudo nas rotas para as Índias. No final do século XVIth , o império português na Europa estava em declínio. Pouco depois de 1700, perderam todos os portos que detinham a norte do atual Moçambique. Na África Ocidental, as feitorias portuguesas de escravos, que prosperavam do Senegal a Angola, também se desmoronaram com o declínio do poder português, que fez com que a Grã-Bretanha, os Países Baixos e os franceses aparecessem na cena comercial. [th]Na África Tropical, foi só no final do século XVIII que se iniciou a era da exploração, com o declínio do comércio de escravos. [th]A acumulação de conhecimentos sobre o interior de África só começou no início do século XIX.

Século XIX

[th]Na segunda metade do século XVIII, assistiu-se a uma intensa rivalidade colonial entre a Grã-Bretanha e a França no Oriente e na América do Norte. A isto seguiu-se, após o fim da Guerra dos Sete Anos em 1763, a procura da mística *"Terra Incognita", o* Mundo Desconhecido. A África continuava a ser uma grande área continental, cujo interior era então

em grande parte desconhecido, na qual a rivalidade anglo-francesa começou a jogar.

Os europeus, especialmente os britânicos, com diferentes interesses, formaram associações para explorar o continente. Entre elas:

- *Desenvolver o comércio de carácter "legítimo";*
- *Ter conhecimento do grande continente, "Idade da Razão";*
- *Os filantropos e missionários, motivados ou movidos pelas desumanidades do tráfico de escravos, acreditavam que os seus objectivos poderiam ser melhor alcançados através de um maior conhecimento do continente, de modo a que se pudesse fazer uma avaliação adequada do seu potencial com vista ao desenvolvimento económico do continente.*

Todos estes objectivos conduziram mais tarde à criação de colónias. Durante o século XIX, os países, e não as empresas, envolveram-se cada vez mais. A melhoria e a segurança do comércio eram vistas como uma vantagem para o país e para as empresas. Os governos começaram a financiar expedições científicas. O envolvimento britânico na patrulha anti-escravatura exigia também que fossem estabelecidas bases para as suas operações. Outras potências europeias, como a França, a Itália, a Alemanha, a Bélgica, a Espanha e Portugal, juntaram-se ao esforço de colonização. À medida que aumentava o número de potências europeias envolvidas, intensificava-se a "luta por África". À medida que mais potências se envolviam, aumentava o perigo de confrontos em África. Foram assinados acordos bilaterais e multilaterais e realizadas conferências para limitar estes perigos. No entanto, foram as actividades do rei Leopoldo da Bélgica no seu papel no Congo e a Conferência de Berlim de 1884, patrocinada por Bismarck, que conduziram ao que é historicamente considerado como o início oficial da divisão de África entre as potências europeias.

África Oriental e do Norte

As políticas gerais da Grã-Bretanha e da França e a sua rivalidade prepararam o caminho para as posteriores aquisições de colónias. Ao contrário do que aconteceu na parte ocidental do continente, a principal diferença na colonização das partes oriental e setentrional de África foi o facto de a intervenção europeia ter sido feita através de governantes locais no Egipto e em Zanzibar.

A preocupação dos britânicos era eliminar o tráfico de escravos no Oceano Índico e garantir a segurança das rotas para a Índia. Os franceses reconheciam a importância estratégica do Nordeste de África e, em especial, da ocupação de Argel em 1830. Pretendiam alargar a sua influência a todo o Norte de África. Era, portanto, inevitável que os interesses anglo-franceses entrassem em conflito no Egipto. As forças de Napoleão ocuparam o Egipto e depois os britânicos obrigaram-nas a sair. Quando Mohammed Ali emergiu como governante do Egipto, tanto os britânicos como os franceses tentaram influenciá-lo.

Funcionários britânicos e franceses assistiram e aconselharam o seu exército durante a campanha de conquista do Sudão em 1820-21. Ambos estiveram envolvidos na supervisão da situação financeira do Egipto. Depois de 1882, a Grã-Bretanha tornou-se cada vez mais o governante de facto do país, embora o protetorado britânico só tenha sido proclamado em 1911. Na construção do Canal do Suez, tanto o Egipto como a França contribuíram com a maior parte do capital. O canal foi inaugurado em 1869, com um contrato de aluguer de noventa e nove anos à Suez Canal Company. Em 1875, a Grã-Bretanha conseguiu comprar as acções egípcias e tornou-se o acionista maioritário da empresa (Fortuncity.com).

A Grã-Bretanha obteve o controlo do extremo sul do Mar Vermelho através da ocupação de Áden em 1839 e da ilha de Perim em 1857. Os franceses contra-atacaram ocupando Obock, no Djibuti, em 1862, e proclamando o protetorado francês da Somalilândia em 1884. Os britânicos, para não serem ultrapassados nesta região vital, ocuparam a margem sul do Golfo de Aden e proclamaram um Protetorado da Somalilândia Britânica. Ao longo da costa oriental de África, a Grã-Bretanha afirmou a sua influência através dos sultanatos árabes existentes que governavam a região de Mascate e Omã na Península Arábica e na costa oriental de África. Os franceses ocuparam Madagáscar (atual Madagáscar) e as suas ilhas. Em 1881, foi estabelecido um consulado britânico em Zanzibar. Devido à atividade dos exploradores e missionários, os britânicos começaram a interessar-se mais pela África Oriental. A chegada dos alemães levou a uma ação política direta na África Oriental. Este facto levou a um aumento constante do envolvimento britânico através do seu governo. Surpreendentemente, a pressão para a anexação de territórios na África Oriental aumentou ainda mais com a intervenção italiana. Em 1883, Asab, na costa do Mar Vermelho da atual Eritreia, foi cedida à Itália; em 1888, os italianos já tinham tomado posse de toda a Eritreia.

Em 1892, toda a costa da África Oriental estava ocupada por alguma potência europeia. Apenas o Estado etíope permanecia desocupado. Em 1895, as forças italianas invadiram a Etiópia a partir da sua base na Eritreia, mas foram fortemente derrotadas pelo Imperador Menilik II na batalha de "Adwa", em 1896. Esta derrota da Itália pelas forças etíopes é a primeira do género na história da colonização e dos negros. E tornou a Etiópia o único país não colonizado em África. Esta derrota pôs fim à reivindicação italiana de um protetorado sobre a Etiópia em 1889.

No entanto, a situação era diferente nos dois extremos do continente. O Noroeste de África foi aceite pela Grã-Bretanha como uma reserva francesa. Os franceses ocuparam a Tunísia em 1980-82 e Marrocos em 1912. A Espanha tinha obtido uma parte de Marrocos e da costa adântica do Sara. A Itália tinha sido a única potência a contestar seriamente o direito francês à Tunísia, tendo encontrado uma compensação ao obter e ocupar a Líbia em 1911.

O impacto do domínio colonial europeu

Tal como tentei explicar acima, os antecedentes históricos fundamentais do domínio colonial têm um grande impacto na atual estrutura sociopolítica do continente. A década de 1960 foi o auge da independência para muitos países africanos. Na maioria dos territórios, durou entre sessenta e oitenta anos, uma fase muito curta na escala temporal da história africana e mundial. Foi, no entanto, uma fase formativa da história recente de África. Independentemente dos acertos ou erros do domínio colonial, este teve os seguintes impactos:

- *Rivalidade entre unidades políticas e étnicas;*
- *Consciência nacional difusa e fragmentação das fronteiras;*
- *Exploração de recursos e grande difusão cultural;*
- *Estruturas administrativas baseadas em etnias e clãs;*
- *Infra-estruturas baseadas em interesses coloniais.*

Atualmente, muitos dos países africanos mantêm laços comerciais e culturais mais estreitos com as suas antigas colónias e potências governantes. O comércio é difícil entre os países ex-britânicos e ex-franceses devido ao facto de pertencerem a zonas da libra esterlina ou do franco. As diferenças linguísticas e administrativas constituem outros obstáculos. A situação é particularmente grave na África Ocidental, onde os países ex-britânicos e ex-franceses se alternam mais ou menos ao longo da costa. Os caminhos-de-ferro tinham bitolas diferentes, pelo que não era possível passar de um para o outro. Ou tinham de investir enormes recursos para a integração regional das infra-estruturas, o que não têm atualmente.

Estabelecimento de europeus nas colónias africanas

Os assentamentos de europeus foram muito menos importantes em África do que nos continentes mais temperados da Austrália e da América do Norte, ou nas zonas temperadas ou semi-temperadas da América Latina. No entanto, foi significativa nas terras semi-temperadas do Norte, Centro e Sul de África e nas terras altas da África Oriental, conduzindo assim ao problema das sociedades plurais ou multirraciais, que foi mais ativo na República da África do Sul. A fixação de europeus nos países de latitude mais baixa da África Central e Oriental é climaticamente possível nas terras altas. O Zimbabué tornou-se, em grande parte, um país de grandes colónias europeias até que, recentemente, o governo de Robert Mugabe lançou uma política contra os colonos. Na Zâmbia, houve algumas colónias europeias ao longo do caminho de ferro, mas nunca foram consideráveis devido ao seu afastamento. Na Tanzânia, a Alemanha começou a encorajar a instalação de colonos, mas estes foram dispersos.

As colónias portuguesas eram importantes em Angola e muito menos em Moçambique. No Quénia, os europeus tiveram um grande significado político, devido ao facto de algumas das terras altas mais férteis e bem irrigadas, mais saudáveis e mais acessíveis terem sido reservadas aos colonos europeus até 1960. No Norte, principalmente nas zonas de clima mediterrânico da Tunísia, Marrocos e Argélia, a colonização europeia, sob o domínio francês, estabeleceu grandes explorações agrícolas produtoras de cereais, azeitonas e vinha.

Colonialismo e fronteiras africanas

A África pré-colonial tinha muitas fronteiras, mas poucos ou nenhuns limites. O continente tinha fronteiras ou zonas, tais como pântanos, florestas, rios, áreas sem água ou campos de batalha periódicos que separavam os povos, mas não fronteiras demarcadas com exatidão. Isto não é surpreendente, uma vez que as fronteiras, que deram origem às zonas fronteiriças de África em primeira instância, foram criações dos europeus que as desenharam e, durante muito tempo, as geriram segundo o modelo dos seus próprios países metropolitanos. As fronteiras da África moderna são de tal modo uma sobreposição europeia que todos os instrumentos jurídicos para lidar com elas continuaram a ser exatamente os mesmos 'acordos', 'tratados', 'protocolos' e 'notas' que as potências europeias específicas estabeleceram entre si na altura da definição e manutenção das fronteiras coloniais (Anene, 1970; McEwen, 1971). O conceito de fronteira internacional era novo em África. A costa da África Ocidental a sul do Sara permaneceu fora do alcance dos europeus até à exploração portuguesa do século XV. Mesmo assim, a marca dos europeus limitou-se às zonas costeiras até finais do século XIX. Um mapa ocasional de séculos anteriores tentava reproduzir linhas divisórias no interior para representar os limites de tribos vagamente conhecidas, mas as próprias tribos não conheciam fronteiras no sentido moderno. O continente foi colonizado como outros continentes colonizados, mas a existência de mais potências na fase de colonização torna a colonização de África diferente. Assim, um maior número de mãos coloniais ocupou-se em traçar as suas fronteiras internacionais.

A Espanha, Portugal, França, Grã-Bretanha, Bélgica, Alemanha e Itália desempenharam um papel decisivo na fixação de três ou mais das fronteiras internacionais de África (Prescott, 1987). Os europeus traçaram irracionalmente fronteiras em África na expetativa de adquirirem riqueza. Prescott (1987) corrobora afirmando que, no final do século XIX, as fronteiras internacionais foram traçadas em poucos anos por diplomatas de carreira cuja ganância pela riqueza nacional só era igualada pela sua falta de conhecimento sobre a natureza da geografia, da política e da sociedade africanas.

Os exercícios absurdos de traçado de fronteiras são observáveis no mapa de África. As fronteiras internacionais em linha reta em África são mais extensas do que em qualquer outro continente e constituem cerca de trinta por cento do total (Boggs, 1940). As fronteiras em linha reta são bons indicadores do seu carácter arbitrário. O padrão de povoamento da população não está obviamente em conformidade com as fronteiras lineares traçadas. Ao contrário da Ásia e da América do Sul, nenhum Estado africano autóctone independente, exceto a Etiópia, participou na definição das fronteiras.

As fronteiras em África são únicas na medida em que não tiveram em conta a população indígena que, provavelmente, desempenhou um papel muito reduzido no processo de definição das fronteiras. Os tratados de delimitação de fronteiras que muitos chefes africanos assinaram com as potências coloniais europeias foram-no sem uma compreensão plena do seu significado.

Apesar das traduções e explicações dos tratados, os chefes africanos não compreenderam totalmente o seu significado, o que se tornou a causa das guerras civis e fronteiriças sangrentas das últimas duas décadas. Mas houve alguns chefes que se recusaram a assinar, enquanto outros assinaram por terem sido pressionados ou persuadidos. Isto indica claramente que nem todos os chefes desconheciam o significado dos tratados. Alguns tinham uma longa experiência política adquirida ao lidar com os seus vizinhos e chefes concorrentes (Trouval, 1972).

Durante a era colonial, os colonizadores tinham muito pouco conhecimento sobre a estrutura social da população e as características físicas do continente. Por conseguinte, as fronteiras que demarcavam ou desenhavam no papel eram arbitrárias. Widstrand (1969) indicou que cerca de 44% das fronteiras dos Estados e territórios do continente correm ao longo de paralelos e meridianos, 30% ao longo de linhas directas, arcos e curvas e apenas 26% ao longo de limites geográficos naturais, como rios, lagos, montanhas e vales.

As fronteiras no deserto são difíceis de administrar, como foi o caso da Etiópia na fronteira com a Somália, que causou sofrimento aos grupos culturais. As pessoas ficam divididas. Esta situação conduziu à guerra Etio-Somali de 1977.

O outro caso é que os Hausa foram governados de forma muito diferente pelos britânicos na Nigéria e pelos franceses no Níger, os Yoruba pelos britânicos na Nigéria e pelos franceses em Dahomay (Benim), a Somália pelos franceses e os britânicos no nordeste do Quénia. Este facto tornou muito difícil a união e a integração das mesmas culturas após a independência.

Naturalmente, um dos pré-requisitos para a delimitação e demarcação racional de fronteiras é o conhecimento adequado dos tecidos sociais dos habitantes sobre as características físicas da área a demarcar. Assim, as fronteiras demarcadas com esse conhecimento seriam feitas com algum grau de exatidão.

Infelizmente, esta é uma situação rara em África. O antigo Presidente tanzaniano declarou que *"as nossas fronteiras são tão absurdas que devem ser consideradas como* sucrosunctas" (Robert E1977). Como já foi referido, as fronteiras africanas são sobreposições europeias a grupos políticos e sociais indígenas. As linhas reflectem o avanço colonial relativo de uma potência em relação a outra e a estratégia colonial.

Problemas de fronteiras em África

Os continentes diferem uns dos outros em questões de fronteiras. As questões de fronteiras são questões dos Estados estabelecidos nos continentes. As noções de território, povo e governo são componentes centrais da definição de um Estado. As questões territoriais têm sido tão importantes na política regional que muitos conflitos e disputas internacionais têm estado relacionados com questões territoriais (ou de fronteiras) ou têm emanado delas. Na história recente do mundo, a maior parte das guerras importantes e das disputas internacionais surgiram em torno de fronteiras disputadas. As relações inter-estatais na África atual não são assim tão fáceis.

As fronteiras coloniais arbitrariamente traçadas em África deixaram um legado de incerteza, instabilidade e desconfiança entre os Estados independentes. As consequências da falta de conhecimento dos colonizadores sobre a geografia do continente. Como Colby (1969) observou, os problemas de fronteiras são atributos inevitáveis de fronteiras jovens ou imaturas, e continuarão a ser uma arma útil à disposição de qualquer Estado que deseje entrar em conflito com o seu vizinho. O Presidente da Argélia, Chadli Bendjedid (1983), demonstrou claramente a gravidade do problema ao descrevê-lo figurativamente como *"bombas de ação retardada deixadas pelo colonialismo"*. As relações entre Estados vizinhos de África são tão delicadas que qualquer Estado africano pode ter problemas de fronteiras se quiser.

A luta por África pôs em perigo as relações pacíficas entre africanos e europeus. Os governantes dos Estados africanos independentes, que, pelo menos em termos estruturais territoriais, não são, na sua maioria, mais do que sucessores das antigas colónias europeias. Não só herdaram os instrumentos jurídicos, as instituições e o modo de lidar com o assunto, como também as fronteiras permaneceram basicamente as mesmas que os europeus deixaram. Não admira, pois, que as relações fronteiriças em África continuem a caraterizar-se por ciúmes, conflitos e tensões. Estruturalmente, as fronteiras de África constituem igualmente um obstáculo aos esforços de cooperação internacional (Trouval, 1972).

Existe um consenso geral entre historiadores, geógrafos políticos e cientistas políticos sobre o carácter arbitrário das fronteiras internacionais africanas. Isto é sem dúvida verdade, mas é duvidoso que exista algum critério ou fórmula para uma boa fronteira (Trouval, 1972:16).

Muito mais frequentemente, uma disputa de fronteiras é, de facto, uma questão territorial, uma vez que existe território entre quaisquer duas linhas de fronteira hipotéticas. Um conflito de fronteiras existe quando as ambições territoriais de pelo menos duas partes são irreconciliáveis.

Infelizmente, os problemas de fronteiras em África tornaram-se o centro das atenções dos pensadores políticos e dos investigadores académicos (Day, 1982).

Surpreendentemente, para evitar possíveis disputas de fronteiras, no final da década de 1960, a então OUA persuadiu os Estados africanos a aceitarem as fronteiras coloniais herdadas. No Cairo, em julho de 1964, os Chefes de Estado e de Governo africanos, antecipando as questões relativas às fronteiras de África, redigiram, votaram e assinaram uma resolução que as regulava. A resolução, no seu artigo (ii), afirma que os Chefes de Estado e de Governo africanos

- Declaram solenemente que todos os Estados membros se comprometem a respeitar a fronteira existente durante o período em que conquistaram a independência nacional das colónias (Petridis 1983).

No entanto, imediatamente após esta resolução, registaram-se disputas de fronteiras entre Argélia-Marrocos, Mali-Mauritânia, Gana-Togo, Gana-Costa do Marfim, bem como muitas outras nas décadas de 80 e 90.

Colónias africanas e comércio europeu

Em África, antes da chegada dos europeus, o comércio externo era reduzido. Este facto deveu-se às dificuldades de acesso, à falta de transportes sobre rodas e ao baixo nível de desenvolvimento em comparação com a Ásia. Com o desenvolvimento da rota marítima entre a África e a Ásia, foram adquiridas mais bases de defesa e de abastecimento e o comércio africano aumentou, embora continuasse a seguir a mesma tendência que tinha constituído o comércio através do Sara: ouro, marfim, especiarias, corantes naturais e escravos, em troca de mercadorias europeias. Este comércio era uma desvantagem para África, que tornava o continente subserviente às necessidades de outros continentes. Em África, degradou e deslocou sociedades inteiras, as rotas comerciais internas tornaram-se inseguras e os povos fugiram para regiões remotas, independentemente do seu modo de vida.

Colonialismo e fragmentação política

Os fenómenos geográficos têm um impacto pronunciado no carácter político, social ou económico de um Estado. África é o mais dividido de todos os continentes. Uma caraterística marcante de África é a fragmentação política ou balcanização. Tem o maior número de Estados (54) do que a Ásia, que tem apenas 45 Estados. Isto reflecte a proliferação de fronteiras. Tem 197 segmentos individuais de fronteiras internacionais.

Enquanto durante o domínio colonial existia a Federação da África Ocidental Francesa, com oito territórios, a Federação da África Equatorial, com quatro, e a Federação da Rodésia e da Niassalândia, com três, os quinze países que a compunham tornaram-se independentes. Além disso, a Federação do Mali, que reagrupou o Senegal e o Sudão francês (atual Mali), durou apenas um ano. O Ruanda e o Burundi separaram-se como dois países. O Biafra tentou separar-se da Nigéria. A Eritreia separou-se da Etiópia. E, mais recentemente, em 2011, o Sudão do Sul separou-se do Sudão.

E muitos micro-Estados cuja independência nunca foi contemplada até aos anos sessenta tornaram-se independentes. Para além de muitos Estados com fronteiras frágeis e falta de estruturas estatais, há também muitos Estados africanos com um elevado grau de contiguidade (com muitos vizinhos). Alguns dos Estados têm até nove vizinhos. Os dois Estados com o maior número de vizinhos são o Sudão e a República Democrática do Congo.

Estados africanos com muitos vizinhos:

State	Neighbor States
1. Sudan	South Sudan, Egypt, Eritrea, Ethiopia, C. African. R. , Chad, and Líbya
2. Congo D. Republic	South Sudan, Uganda, Burundi, Rwanda, Tanzania, Zambia, Angola, Congo and Central. A. R.
3. Guinea	Mali, Côte d'Ivoire, Liberia, Sierra Leone, Guinea Bissau, and Senegal
4. Chad	Libya, Sudan, C. African. R., Cameroon, Nigeria, and Niger
5. Burkina Faso	Mali, Niger, Benin, Togo, Ghana, and Côte d'Ivoire
6. Cameroon	Chad, C. African R., Congo, Gabon, Equatorial Guinea and Nígeria
7. Ethiopia	Sudan, South Sudan, Eritrea, Djibouti, Somalia, and Kenya
8. C. African R.	Chad, Sudan, South Sudan, Congo D. R., Congo, and Cameroon

Esta situação conduz a uma elevada probabilidade de conflitos fronteiriços, a questões relacionadas com o pastoreio de gado, a reivindicações de recursos hídricos e a um enorme custo de administração uniforme do respetivo território, o que mais tarde dificulta a integração económica regional.

CAPÍTULO 3

Desafios do pós-colonialismo em África

Ditadura e conflito

Os desafios que a zona afro-europeia enfrenta atualmente, em termos de estratégia, energia, economia, ambiente, migração, etc., são imensos. Desde o tráfico de escravos, o colonialismo e mesmo após a independência dos africanos, existe uma história geopolítica profundamente enraizada entre a Europa e a África. O Norte de África e a zona Europa-Mediterrâneo, que já coloca o problema geopolítico, eram uma rota comercial tradicional, que constituía um fluxo migratório entre a África e a Europa. O Sara é frequentemente visto como o divisor de águas entre duas arenas geopolíticas distintas: o Norte de África e a África Subsariana. O Sara situa-se na encruzilhada de dois campos geopolíticos em conflito, a fronteira entre o Mediterrâneo e a África Subsariana. A Europa e, a um nível mais global, a Eurásia e a África, com o Mediterrâneo como elo de ligação, são continentes unidos por desenvolvimentos coordenados que são intrínsecos à sua história e geografia e que se caracterizam por fortes interdependências e destinos intimamente ligados. Existem fortes laços de causalidade entre as duas regiões. Este facto irrefutável é amplificado pelo impacto da globalização e pela consequente criação de zonas não regulamentadas.

No entanto, a África pós-colonial também passou por ditadores tiranos que foram e alguns ainda são incapazes de unificar e desenvolver a sua nação. Muitos desejaram e jubilaram que, finalmente, África se governasse através do seu próprio povo. Muitos tiveram o grande sonho do pan-africanismo e de uma África unificada. No entanto, nas últimas cinco décadas após o colonialismo, o continente exibiu os piores governantes e crimes contra a humanidade que o mundo nunca viu antes.

Nas últimas duas décadas, a África voltou a cativar, se não mesmo a desiludir, o mundo devido aos seus problemas e obstáculos sócio-políticos e económicos muito graves. As muitas guerras e a agitação civil são disso exemplo. O Economist descreveu África como o *"Continente sem esperança"*, devido às sangrentas guerras civis em vários países como a Somália, o Sudão, o Burundi, o Ruanda, a Serra Leoa, Angola, a Guiné, a RDC, etc. Robert Caplan também reflectiu que a África Ocidental é a *"anarquia que se aproxima"* e um perigo estratégico para a segurança internacional. No entanto, é importante compreender que a África não é uma entidade homogénea, mas um continente diverso e complexo com diferentes sub-regiões, ambientes, histórias, linguísticas e formações estatais.

Entre os muitos ditadores que África já viu e ainda enfrenta, de acordo com a famosa lista do site Africa-Cradle, os seguintes são alguns dos exemplos;

- Gnassingbe Eyadema continua a ser um dos ditadores mais antigos de África. Eyadema tornou-se Presidente do Togo em 1967. Dirigiu o país durante 38 anos. Eyadema é o pioneiro do primeiro golpe de Estado militar em África, um ato que rapidamente se tornou uma tendência política em África. Organizou uma eleição presidencial em 1998 e cancelou-a "no interesse da segurança nacional" quando estava a perder. Foi acusado de vários casos de violação dos direitos humanos.

- Hastings Kamuzu Banda, um dos mais famosos ditadores de África, liderou o Malawi de 1961 a 1994, durante 34 anos. Banda perdeu o controlo efetivo do Malawi durante a sua ausência em 1993, quando foi levado de avião para a África do Sul para uma cirurgia cerebral de emergência. O seu reinado deixou o Malawi como um dos países mais pobres do mundo. Torturava e assassinava regularmente os seus opositores políticos. Segundo estimativas de grupos de defesa dos direitos humanos, durante o mandato de Banda, pelo menos 6 000 pessoas foram mortas, torturadas e presas sem julgamento.

- Siad Barre tomou o poder num golpe de Estado em 1969 e governou a Somália durante mais de 20 anos antes de ser derrubado em 1991. Faleceu em janeiro de 1995, num exílio em Lagos, na Nigéria. A saída do General Siad Barre deixou a Somália sem uma autoridade central, o que deu origem a uma guerra civil que deixou o país sem um líder unificado até à data. A ONU afirma que "o regime de Siad Barre tinha um dos piores registos de direitos humanos em África.

- Charles Taylor, descrito como o "tirano da morte", foi Presidente da Libéria de agosto de 1997 a 2003 (seis anos), altura em que a pressão internacional o obrigou a demitir-se e a exilar-se na Nigéria. Continua a ser um dos ditadores mais brutais de África até à data. Charles Taylor está atualmente a cumprir uma pena de 50 anos pelo TPI pelo seu envolvimento naquilo que o juiz descreveu como "alguns dos crimes mais hediondos e brutais registados na história da humanidade". Foi considerado culpado das seguintes acusações: Homicídio, assassinato, violência contra a vida, a saúde e o bem-estar físico ou mental das pessoas.

- Yahya Jammeh tomou o poder através de um golpe militar sem derramamento de sangue em 1994. Governou a Gâmbia durante 26 anos. Jammeh foi derrotado nas eleições de 2016, mas não aceitou o resultado. Só para rejeitar os resultados algumas semanas depois, acabou por deixar a Gâmbia no exílio, na Guiné Equatorial, após pressão constante da União Africana, da CEDEAO e da ONU. O regime de Yahya Jammeh foi marcado por graves violações dos direitos humanos.

- Em dezembro de 1990, Idriss Deby tornou-se Presidente do Chade. E governa o país da África Central desde 1990 até à atualidade. Deby é acusado de utilizar as receitas do petróleo e os fundos que poderiam ter sido utilizados para desenvolver o Chade para comprar armas e reforçar o seu exército. A Forbes nomeou o Chade como a nação mais corrupta do mundo em 2006.

- Teodoro Obiang Nguema Mbasogo é Presidente da Guiné Equatorial desde 1978 até à atualidade (39 anos), altura em que depôs o seu tio, Francisco Macias Nguema, num sangrento golpe militar e o condenou à morte por fuzilamento. O Presidente Obiang é um dos ditadores mais antigos e mais longevos de África. A rádio estatal declarou-o como "o deus do país", com "todo o poder sobre os homens e sobre as coisas" e, por isso, "pode decidir matar sem que ninguém lhe peça contas e sem ir para o inferno". As mortes ilegais, os raptos sancionados pelo governo e a tortura de prisioneiros pelas forças de segurança têm caracterizado o regime do Presidente Obiang. A Forbes estima a sua riqueza em cerca de 600 milhões de dólares; utilizou o boom do petróleo para enriquecer a sua família à custa dos cidadãos da Guiné Equatorial.

- Paul Biya é o Presidente dos Camarões desde 1982 até à atualidade (35 anos). Consolidou o poder numa luta de poder com o seu antecessor e continua a ser uma potência em África e o presidente dos Camarões até à data. Paul Biya tem sido frequentemente acusado de se manter no poder organizando eleições falsas e pagando a observadores internacionais para as certificarem como isentas de irregularidades. Foi muitas vezes acusado de violar constantemente os direitos humanos.

- José Eduardo dos Santos é o segundo chefe de Estado africano há mais tempo no poder, a seguir a Teodoro da Guiné Equatorial. Está no poder desde 1979 até à atualidade (38 anos no poder). Existem fortes acusações de corrupção, utilização indevida e desvio de fundos públicos em proveito próprio, violações dos direitos humanos e opressão política. 70% da população de Angola vive com menos de 2 dólares por dia e, no entanto, a família Dos Santos acumulou uma enorme riqueza pessoal com o dinheiro do petróleo angolano.

- Robert Gabriel Mugabe é o atual Presidente do Zimbabué e um dos mais antigos ditadores de África. Está no poder desde 1980, quando era primeiro-ministro do Zimbabué, antes de consolidar o seu poder e se tornar presidente em 1987. (Mais de 30 anos no poder). As Nações Unidas estimam que o desemprego no Zimbabué atinge os 80%, que a economia do país está em ruínas e que a hiperinflação maciça tornou a moeda local do Zimbabué inútil. Em 2014, a taxa de câmbio do dólar do Zimbabué era de 35 quatriliões para 1 dólar americano. A moeda local foi retirada e substituída pelo dólar americano e pelo rand sul-africano.

- Hissene Habre tomou o poder em 1982 e tornou-se presidente do Chade até 1990. Habre fugiu para o Senegal e, em maio de 2016, foi condenado por crimes contra a humanidade. O seu governo levou a cabo assassinatos com motivações políticas e, de acordo com o relatório da Human Right Watch, há casos documentados de pelo menos 200 000 torturas durante os seis anos de governo brutal de Habre no Chade. Em maio de 2016, as Câmaras Africanas Extraordinárias consideraram Habre culpado de violação, escravatura sexual e de ordenar a morte de 40 000 pessoas durante o seu mandato como presidente do Chade e condenaram-no a prisão perpétua.

- O presidente sudanês, Omar al-Bashir, é o líder do Sudão desde 1989 até à atualidade (cerca de 27 anos). Al-Bashir é um dos ditadores mais brutais de África e tem um mandado do TPI, apesar de continuar a ser o presidente do Sudão. O Tribunal Penal Internacional quer Omar al-Bashir acusado de genocídio, crimes de guerra, assassínio, violação, tortura e outros crimes contra a humanidade pelos seus crimes no Darfur.

- O coronel Muammar Kadhafi tomou o poder num golpe militar sem derramamento de sangue em 1969 (esteve no poder durante 42 anos). Foi um dos ditadores mais longevos da história de África até à sua morte em 2011. Muammar Kadhafi reprimiu todos os que se lhe opunham e foi responsável pela morte de milhares do seu povo.

- Idi Amin Dada assumiu o poder em 1971 e liderou o Uganda durante oito anos, tendo fugido a meio da guerra entre o Uganda e a Tanzânia para o exílio na Líbia e depois na Arábia Saudita, onde viveu até à sua morte em 2003. O regime de Amin caracterizou-se por rumores de canibalismo, violações assustadoras dos direitos humanos, repressão política, várias execuções extrajudiciais e corrupção. Os observadores internacionais e os grupos de defesa dos direitos humanos estimam que o número de mortos do seu regime ronda os 500 000.

- Mengistu HaileMariam foi o antigo líder tirano marxista da Etiópia de 1974 a 1991. O seu regime, conhecido como Derg, foi responsável por centenas de milhares de mortes causadas pela fome, por reinstalações forçadas e por assassínios directos. Sob o seu regime, foram mortos mais de 600 000 opositores políticos, intelectuais e outros civis. Em 1991, foram efectuadas dezenas de milhares de execuções extrajudiciais. O seu regime foi derrubado e recebeu asilo no Zimbabué, onde permanece até à data. Em 2006, Mengistu Haile Mariam foi considerado culpado à revelia de genocídio e condenado à morte pelo Supremo Tribunal da Etiópia, mas o regime de Robert Mugabe no Zimbabué recusou-se a permitir a sua extradição para a Etiópia. Muitos grupos internacionais de defesa dos direitos humanos acusam também o atual governo da EPRDF, que assumiu o poder depois de 1991. Com a ideologia do federalismo étnico, o país continua a ter um sistema de partido único, com violações sistemáticas e complexas dos direitos humanos, ausência de liberdade de expressão e uma enorme repressão da oposição.

- Isaias Afwerki é o líder do Estado mais repressivo de África (ou por muitos descrito como a Coreia do Norte de África). O presidente liderou o seu povo durante a maior parte da guerra de 30 anos com a Etiópia, que culminou na independência em 1993. E é o seu presidente até à atualidade. O país nunca realizou eleições na sua história. Isaias é um ditador absoluto que governa sem um mandato democrático. A tortura, o abuso dos direitos humanos, a militarização e a enorme migração de jovens criam um consenso global sobre o isolamento do país da diplomacia mundial.

Acredito firmemente que o continente está a sofrer de uma má governação crónica que está a hipotecar o seu futuro. As poucas elites obtêm o poder para ter um governo patriarcal no seu país. A boa governação é a chave para o desenvolvimento sustentável de qualquer Estado. A geopolítica interna dos Estados em África parece seguir um modelo em que um centro com poder político e controlo sobre a riqueza do país. As zonas periféricas marginalizadas que procuram derrubar um status quo são, em muitos casos, o resultado de uma guerra civil que inverteu as posições de força tradicionais.

Militarização crescente

Todos os vectores de tensão são agravados pela grande afluência de dinheiro, que faz crescer as esperanças de ganhos imediatos entre os grupos armados organizados. Em todos os cantos do continente, os contrabandistas de armas carregam armas usadas e vendem-nas no mercado livre. Alguns bairros estão mesmo cheios de armas pesadas modernas. Esta militarização e a importação maciça de armas do Ocidente, da China e dos países da antiga URSS provocaram uma corrida ao armamento entre os rivais e antagonistas regionais.

Só em 2002, houve 18 guerras e conflitos armados activos em África. A maioria destas guerras civis estava a ser travada em alguns dos países mais pobres do mundo. Os civis pacíficos tornaram-se os principais alvos e vítimas de todas estas guerras civis. De acordo com o relatório de desenvolvimento humano do PNUD de 2002, estima-se que 3,5 milhões de pessoas tenham sido mortas em guerras internas em África na década de 1990.

As guerras e os conflitos generalizados em África tiveram consequências devastadoras no continente e são a principal razão do fraco desempenho socioeconómico e da estabilidade política. Muitas guerras étnicas, conflitos baseados em recursos, guerras de secessão e conflitos de reivindicação de fronteiras conduziram a deslocações internas maciças, migrações forçadas, fluxos de refugiados e comunidades fragmentadas. Em termos económicos, estes conflitos perturbam as actividades económicas e comerciais, provocam a deslocação da produção agrícola e geram um enorme desemprego. O ambiente de guerra provocou a fuga de capitais e a falta de investimento direto estrangeiro. As economias afectadas pela guerra sofrem cronicamente de instabilidade dos preços de mercado e da produção, aumentando a pobreza e as ameaças graves de fome.

Pressão populacional

A população de África, que está a crescer a um ritmo extremamente rápido, duplicará nos próximos 25 anos e o continente terá provavelmente mais de 2 mil milhões de habitantes em 2040. Este crescimento afectará sem dúvida a segurança humana e, em especial, a segurança alimentar na região. A transição demográfica em África começou tarde: num contexto como este, o crescimento rápido e desregulado da população terá um impacto negativo nas economias frágeis.

Nos últimos 100 anos, registou-se um aumento incrível da população do planeta. Algumas partes do mundo estão agora a registar incrementos menores de crescimento, e outras, como o Japão, a Alemanha e a Espanha, estão de facto a registar decréscimos populacionais. O continente africano, no entanto, não está a seguir este padrão. Atualmente com 1,2 mil milhões de habitantes (contra apenas 477 milhões em 1980), a ONU prevê que África registe uma aceleração do crescimento anual da população no futuro imediato.

Só no ano passado, a população do continente africano aumentou em 30 milhões de pessoas. De acordo com o estudo populacional da ONU, até 2050, o aumento anual será superior a 42 milhões de pessoas por ano e a população total duplicará para 2,4 mil milhões. Isto corresponde a mais 3,5 milhões de pessoas por mês, ou seja, mais 80 pessoas por minuto.

Entretanto, outra variável demográfica fundamental é o número de filhos que uma mulher africana média é suscetível de ter durante a sua vida (taxa de fertilidade total), que permanece elevada em comparação com as taxas mundiais. A taxa de fertilidade total de África é 88% mais elevada do que a norma mundial (2,5 filhos por mulher a nível mundial, 4,7 filhos por mulher em África). Esta situação irá gerar uma série de riscos, tais como o aumento do número de refugiados climáticos, em resultado do fenómeno do aquecimento global, a deslocação para as cidades, a criação de agrupamentos nativos, tensões intra-estatais, etc. Em África, as crianças são consideradas bens e símbolos de estatuto. Servem de segurança financeira e económica para as famílias. As crianças são os futuros seguros dessa família, que as manterão seguras para os pais na sua velhice.

Concorrência pelos recursos naturais

África é rica em recursos naturais. Para além do sal e do ouro, a região possui ricas jazidas de petróleo e gás, ferro, fosfatos, cobre, estanho e urânio, que suscitam o interesse de potências que gostariam de as controlar. A região começa assim a emergir como um *"centro energético" cada* vez mais cobiçado pelas grandes potências. Num contexto de rivalidades crescentes, começam a surgir os primeiros sinais de uma *geopolítica dos oleodutos* e os grandes actores mundiais asseguram progressivamente o acesso a estas riquezas, antes inacessíveis, através do Sudão e de Angola para os consumidores da China, através do Golfo da Guiné para os consumidores da América, através do Sara e do Magrebe para os consumidores da Europa continental. Estratégias que visam assegurar posições de poder, assumir o controlo, cercar outras forças estão a ajudar a definir os desafios geopolíticos e geoeconómicos da África atual.

Maldição dos recursos

Os países ricos em recursos naturais são geralmente afectados pela *"maldição dos recursos naturais"* ou pelo *"paradoxo da abundância",* em que não conseguem obter riqueza a partir da sua dotação de recursos naturais, mas passam antes por um ciclo de subdesenvolvimento persistente. É o que em economia se designa por *"doença holandesa", que recebeu o* nome dos Países Baixos na década de 1970, quando a descoberta de gás natural no Mar do Norte levou à exclusão do seu sector industrial. O súbito aumento do valor dos recursos naturais conduziu à apreciação das taxas de câmbio reais, o que tornou as suas exportações de produtos de base que não os recursos naturais mais caras e menos competitivas no mercado internacional. As divisas obtidas com os recursos naturais podiam comprar bens transaccionados internacionalmente, em detrimento dos bens fabricados internamente. A mão de obra e os materiais nacionais são transferidos para o sector dos recursos naturais em expansão e o preço dos recursos aumenta no mercado nacional, o que conduz a um aumento dos custos para os produtores de outros sectores e afasta os sectores anteriormente existentes. No caso holandês, o sector transformador foi excluído e o país sofreu um declínio económico global; no caso africano, foi o sector agrícola.

Em África, os países ricos em recursos são Estados arrendatários, que recebem rendas de empresas estrangeiras pelos seus recursos em vez de receitas provenientes de impostos nacionais. Uma vez que o Estado não depende dos seus próprios cidadãos para obter receitas fiscais, tem poucos incentivos para ser responsável pelo seu bem-estar. Assim, os governos extraem das empresas estrangeiras as rendas dos seus activos petrolíferos e acabam por embolsar as receitas em vez de as reinvestir nas infra-estruturas do país. A Nigéria é um exemplo disso. A Nigéria recebe 90 a 95% das suas receitas do petróleo, mas os seus cidadãos não puderam ver a aplicação dessas receitas devido à fraca governação, à enorme corrupção e ao aparelho administrativo para distribuir as receitas. Além disso, a sobre-exploração causou graves danos ambientais no Delta do Níger e a destruição de aldeias piscatórias anteriormente auto-suficientes devido ao derrame de petróleo nos rios; obliterou os meios de subsistência da população, ao mesmo tempo que não distribuiu os rendimentos dos activos petrolíferos nas suas terras. As violações dos direitos humanos perpetradas pelas forças de segurança, a migração forçada e os massacres levaram os cidadãos a procurar reparação, fazendo reféns os produtores e a produção de petróleo. Esta é uma fórmula para a instabilidade quase permanente, a violência e, eventualmente, a guerra civil e a falência do Estado. Assim, a combinação da grave fraqueza estrutural do governo africano com as condições de ajuda vinculadas da China (repatriamento de lucros, acesso a recursos e contratos até 70% com empresas chinesas) coloca desafios ao desenvolvimento da região africana. Estes desafios significam que é improvável que o desenvolvimento de África venha da indústria transformadora, mas antes que a região se mantenha num ciclo de termos de troca desiguais na exportação de bens primários (Susan M. P., 2007).

Tráfico de seres humanos e de droga
Tendo-se tornado um novo centro de tráfico de seres humanos, o continente é atualmente uma das rotas preferidas das redes altamente organizadas de tráfico de seres humanos e de droga

entre continentes. O controlo e a destruição dos contrabandistas que transportam pessoas dos países do Corno de África e da África Ocidental através do Sara para a Europa tornaram-se a principal área de interesse da segurança mundial. Os traficantes de droga, liderados principalmente por cartéis da África Ocidental, traçaram rotas clandestinas através dos países da África Ocidental e do deserto do Sara, nomeadamente a Mauritânia, o Mali, a Nigéria, o Níger e o Chade, e as rotas dos traficantes fundem-se finalmente no Sara e estão prontas para a Europa. De acordo com o relatório do UNODC, a luta contra o tráfico ilícito e o contrabando de migrantes, o tráfico de droga e de produtos da fauna e da flora selvagens constituem uma área de ação muito urgente.

Migração

Entre os muitos epicentros de imensos movimentos migratórios e de refugiados em África, contam-se os seguintes: Eritreia, Djibuti, Etiópia, Somália, Sudão/Sudão do Sul, Nigéria, Níger, Mali, Congo, Zimbabué, Líbia e Chade. Estas migrações ocorrem principalmente na região, mas também afectam outras regiões de África e a Europa numa escala considerável. Esta migração ocorre principalmente sob a forma de movimentos de refugiados e de migração ilegal. Os principais factores que os desencadeiam são a repressão e a perseguição políticas, étnicas, religiosas e de género, as guerras civis e os conflitos entre Estados, as crises ambientais, a pobreza e a procura de melhores perspectivas e oportunidades de vida.

Os motivos de partida devido à guerra, à repressão e à perseguição estão, na sua maioria, misturados com motivos económicos. Considero que, face à complexidade dos movimentos migratórios e de refugiados registada desde o início da década de 1960, já não é possível traçar uma linha clara que separe os motivos da migração. As comunidades da diáspora dos países acima referidos no estrangeiro estão a exercer um efeito de atração adicional sobre os movimentos migratórios. Entretanto, este efeito tornou-se quase tão importante como outros factores que condicionam o êxodo e a migração nos respectivos países de origem. Ainda não foi encontrada uma solução estável que possa eliminar as causas do êxodo e da migração nos países de África. Se não houver uma resposta unificada a nível europeu e mundial, é muito provável que os movimentos migratórios e de refugiados tendam a intensificar-se nos próximos anos.

Quando vemos o caso dos migrantes da África Ocidental, a imagem apocalíptica de um êxodo cada vez mais maciço de africanos desesperados que fogem da pobreza e da guerra no seu país e tentam entrar no esquivo "El Dorado" europeu mal consegue sobreviver. Os próprios migrantes são geralmente retratados como vítimas recrutadas por traficantes e contrabandistas *"impiedosos"* e *"sem escrúpulos"*. (Pastore et al., 2006). Desde 2000, os africanos subsarianos começaram a juntar-se a eles, tendo agora ultrapassado os norte-africanos como a maior categoria de migrantes irregulares por barco para a Europa. Em segundo lugar, é um equívoco pensar que todos ou a maioria dos migrantes que atravessam o Sara estão "em trânsito" para a Europa. É possível que haja mais africanos subsarianos a viver no Magrebe do que na Europa. Estima-se que entre 65.000 e 120.000 africanos ocidentais entrem anualmente no Magrebe por via terrestre, dos quais apenas 20 a 38% entram na Europa. No entanto, desde 2011 que a Líbia deixou de ser um país de destino importante, tendo a maioria deles começado a atravessar o Mediterrâneo em direção à Europa.

Na prática, parece quase impossível selar as longas fronteiras do Sara e as costas africanas e europeias, mesmo que os governos europeus e africanos estejam dispostos a fazê-lo. Apesar dos discursos públicos que sublinham a necessidade de "combater a imigração ilegal", os Estados europeus e africanos parecem ter pouco interesse genuíno em travar o êxodo.

A menos que surjam circunstâncias excepcionais, é portanto provável que a migração da África Ocidental para a Europa continue. Isto explica por que razão o aumento dos controlos nas fronteiras conduziu antes a um rápido desvio das rotas migratórias e a um aumento dos riscos, dos custos e do sofrimento dos migrantes envolvidos, em vez de um declínio da migração. A curto prazo, enquanto não forem criados mais canais legais de imigração, é mais provável que uma parte substancial desta migração continue a ser irregular. E, a longo prazo, a menos que as questões de fundo e os factores de incentivo sejam abordados, a tendência da migração será cada vez maior e baterá as portas da Europa.

No caso da Eritreia, após a libertação (referendo) do domínio etíope em 1991, os esforços para estabelecer um sistema político democrático estável e iniciar um processo de desenvolvimento económico falharam redondamente. Na sequência de conflitos com os vizinhos Sudão, Djibuti e Iémen, eclodiu uma guerra entre a Etiópia e a Eritreia entre 1998 e 2000, que custou um número considerável de vidas a ambas as partes. No entanto, o líder do país conseguiu silenciar os seus críticos no outono de 2001. Foi o início de um período de ditadura presidencial absoluta que dura até aos dias de hoje, durante o qual o país recebeu a alcunha de "Coreia do Norte de África". A liderança é apoiada pelos serviços secretos e pelo exército, pela vigilância policial da população e por uma militarização completa do Estado e da sociedade. Esta situação tem sido simultaneamente acompanhada por uma repressão e perseguição maciças de grupos religiosos não reconhecidos. O endurecimento maciço da situação política interna provocou a fuga de um número cada vez maior de pessoas do país, desde o outono de 2001 até aos dias de hoje. Os principais factores que desencadearam novas vagas de refugiados foram a perseguição política e religiosa em curso, o tempo ilimitado de serviço nacional, a militarização da sociedade e da economia e o agravamento da estagnação económica. Estes factores interagiram para levar centenas de milhares de pessoas a acreditar que a Eritreia já não oferece quaisquer perspectivas de futuro para si próprias ou para as suas famílias.

O principal destino de muitos refugiados da África Oriental é a Líbia, através do Sudão, e daí por mar para a Europa. Só em 2014, cerca de 40.000 eritreus chegaram a Itália por esta via (OIM). Uma grande parte deles seguiu depois para a Suíça, a Alemanha, os Países Baixos, a Grã-Bretanha e os países escandinavos. As tentativas dos eritreus de estabelecer uma rota migratória alternativa através do Chade, na sequência do recrudescimento dos combates na Líbia em 2014, não tiveram êxito. O exército do Chade interceptou numerosos refugiados eritreus e deportou-os de volta para o Sudão.

CAPÍTULO 4

África e as potências mundiais

Energia

Do ponto de vista da Europa e dos Estados Unidos, após a era do colonialismo, tem havido pouco interesse pela região africana e há quem tenha designado a política dos Estados Unidos em relação a África como uma "negligência benigna". Um relatório do Pentágono de 1995 sobre a estratégia dos EUA para a África Subsariana, por exemplo, afirmava que "Em última análise, vemos muito pouco interesse estratégico tradicional em África". Nessa altura, o petróleo ainda custava 15 dólares por barril e as pessoas não davam muita importância ao fornecimento de petróleo, nem a África, com a cobertura noticiosa de África a centrar-se principalmente na fome e no genocídio. Cerca de dez anos mais tarde, porém, África está a transformar-se numa nova fonte lucrativa de petróleo e gás para o mercado global, com um investimento crescente por parte dos europeus, da China, da Rússia, da Índia e dos EUA. A primeira razão pode ser a crescente procura de energia por parte da Ásia, especialmente da Índia e da China. Em 2005, 40 % da procura mundial de energia provinha da região asiática e prevê-se que este número aumente (Pablo B, 2005).

A elevada procura, associada aos preços constantemente elevados do barril de petróleo, e o receio de um pico petrolífero, especialmente no Médio Oriente, estão a levar os consumidores de energia a procurar fornecedores alternativos. A segunda razão é a incerteza da oferta e a continuação dos conflitos no Médio Oriente. A terceira razão para a atratividade de África é a descoberta de reservas com novos avanços tecnológicos. A perfuração em águas profundas (mais de 300 metros) libertou reservas em África que até agora não eram comercialmente viáveis, especialmente ao largo da costa da África Ocidental, no Golfo da Guiné. É certo que os cépticos podem questionar a viabilidade de África como fonte alternativa de fornecimento de energia, uma vez que apenas possui 10% das reservas mundiais comprovadas, enquanto o Médio Oriente possui 60%.

No entanto, apesar destas dúvidas, existem várias razões que tornam o petróleo africano atrativo. Entre elas, principalmente o seu baixo teor de enxofre, a sua localização de reservas offshore e acordos ou contratos favoráveis de partilha de produção. O petróleo africano, sendo leve e com baixo teor de enxofre, significa que tem um custo de processamento de refinação mais baixo, o que também cumpre as normas ambientais rigorosas dos EUA e da UE. Em contrapartida, o petróleo do Médio Oriente é pesado e tem um elevado teor de enxofre, sendo vendido principalmente para o mercado asiático, cujas normas ambientais são mais flexíveis. Além disso, o facto de as reservas petrolíferas africanas se situarem ao largo da costa reduz os custos de transporte tanto para a Europa como para os EUA, uma vez que não é necessário construir oleodutos dispendiosos através de zonas em terra, assoladas por conflitos e geopoliticamente voláteis. Por último, os países africanos concedem contratos favoráveis através dos quais uma empresa petrolífera estrangeira obtém uma licença para procurar petróleo (exploração e produção) e partilhará as receitas com o governo anfitrião se for descoberto petróleo no bloco. Muitos dos países africanos que oferecem este tipo de contrato são aqueles que não têm capacidade técnica e know-how para explorar, extrair, processar e refinar o petróleo bruto, o que exige um investimento de capital de milhares de milhões de dólares. Isto é atrativo para as empresas petrolíferas internacionais que possuem o equipamento e o know-how, uma vez que o investimento inicial é relativamente pequeno e pode rapidamente transformar-se em lucros. A situação contrasta com a do Médio Oriente, onde as empresas estatais detêm o monopólio da exploração, produção e distribuição. De facto, um relatório do Conselho Nacional de Inteligência dos EUA de 2000 prevê que os EUA importarão 30% do petróleo de África até 2020.

Para a Europa, os três principais parceiros africanos nas importações de bens para a UE em 2015 foram a Argélia (16 %), a África do Sul (15 %) e a Nigéria (14 %). Em conjunto, estes três países representaram 45% do total das importações da UE provenientes de África. Tanto para a Argélia como para a Nigéria, o principal grupo de produtos importados para a UE nesse mesmo ano foi o dos produtos petrolíferos, mais especificamente o petróleo bruto e o gás. A África do Sul deveu em grande parte a sua posição ao fornecimento de produtos mineiros, incluindo ouro e diamantes. A Líbia foi a terceira maior fonte de importação destes produtos até 2012, mas caiu para o sétimo lugar em 2015. Este facto deve-se, em grande medida, à contínua instabilidade no país desde a revolução e a guerra civil de 2011.

C ontra-terrorismo

Outra razão para a atenção do Ocidente em África é o aumento do terrorismo e da violência no continente. O Boko Haram na África Ocidental, o Al-shabab no Leste e vários grupos extremistas na região do Magrebe obrigaram as potências mundiais a mostrar as suas forças. A África tem uma grande área não governada e está repleta de Estados falhados que constituem um terreno fértil para os terroristas. Por exemplo, os serviços secretos de defesa dos EUA afirmam que muitos combatentes estrangeiros no Iraque vieram de Marrocos e da

Argélia. Assim, combater o terrorismo e melhorar a segurança em África promoveria os interesses das potências globais e reduziria uma fonte de terrorismo contra o Ocidente. Além disso, os países ocidentais estão interessados em garantir a sua segurança marítima e a proteção das rotas comerciais a partir de África. Em conjunto com a pirataria, a pesca ilegal e o tráfico no Golfo da Guiné, no Mali, na Somália e no Norte de África, muitas potências europeias já estabeleceram bases militares. Em contrapartida, os EUA, por exemplo, estão a aumentar as relações económicas com a África Subsariana através de uma política comercial e de investimento abrangente para o continente, designada por Lei do Crescimento e das Oportunidades para África (AGOA). Além disso, a Nigéria é atualmente o terceiro maior fornecedor mundial de petróleo aos EUA. No entanto, o extremismo e a instabilidade nas regiões do Delta do Níger provocaram a volatilidade dos preços do petróleo.

O impacto da China em África

Uma razão importante pela qual o Ocidente, sobretudo os EUA, se concentra em África são as actividades da China no continente. A principal crítica às actividades da China em África prende-se com as externalidades negativas dos empréstimos em condições favoráveis que minam os esforços internacionais de ajustamento estrutural para aliviar a pobreza, melhorar os direitos humanos e a democracia, a boa governação e melhorar o desenvolvimento sustentável nos países africanos pobres. Por exemplo, em Angola, um empréstimo em condições favoráveis da China, no valor de 2 mil milhões de dólares, em 2005, minou anos de esforços de reforma estrutural do FMI em prol da boa governação e do Estado de direito no país. Em muitos aspectos, pode argumentar-se que as actividades e os projectos de infra-estruturas da China aumentaram de alguma forma os preços das matérias-primas, que se transformam em dinheiro extra para os cofres de África. No entanto, a desvantagem é que, inadvertidamente, está a criar dependência da China em vez de utilizar os recursos internos de África e a sua própria população. A China exporta a sua própria mão de obra, o que não melhora o desemprego em África, nem ajuda o sector privado africano a crescer, tanto técnica como financeiramente. Além disso, a ajuda ao desenvolvimento da China para África centra-se em subvenções e empréstimos com a condição política da Política de Uma Só China, em que qualquer país que se envolva com a China não pode envolver-se com Taiwan, e a condição económica de permitir o acesso das empresas chinesas aos recursos naturais, o repatriamento dos lucros e a utilização de mão de obra chinesa. Muitos países africanos concordam com esta proposta.

Outro desenvolvimento interessante é o facto de os chineses estarem a aumentar a sua presença militar e as suas forças de segurança para proteger os seus activos energéticos. Atualmente, estima-se que existam cerca de 8.000 militares chineses no continente africano, com 14 gabinetes de adidos militares chineses nos países africanos (Argélia, República Democrática do Congo, Egipto, Etiópia, Libéria, Líbia, Marrocos, Moçambique, Namíbia, Nigéria, Sudão, Tunísia, Zâmbia e Zimbabué) (Marcus P, Giles M, 2012).

Realizam regularmente intercâmbios e treinos militares e fornecem armas a nações africanas, especialmente ao Sudão, em troca de acesso a petróleo e recursos naturais. Se compararmos com os mais de mil funcionários civis e militares da base americana em Djibuti, perguntamo-nos porque é que ninguém está a dar o alarme da crescente militarização das relações China-África. Assim, muitos países africanos não querem perturbar a China e arriscar-se a perder os seus pacotes de ajuda sem condições prévias, bem como o voto da China no Conselho de Segurança da ONU, que protegeria os governos africanos de sanções por violações dos direitos humanos.

CAPÍTULO 5

O caminho a seguir

Embora haja uma luz ao fundo do túnel com a boa notícia de que alguns países africanos se encontram na faixa de crescimento mais rápido, por outro lado, África continua a ser muito pobre e enfrenta muitos problemas sociopolíticos. A Europa deve cooperar de forma proactiva no desenvolvimento de África. A prosperidade de África é a oportunidade da Europa. Através das suas acções de cooperação para o desenvolvimento e das suas políticas, a Europa pode ajudar África a enfrentar estes desafios. A boa governação é fundamental para gerir os problemas da atual maldição dos recursos naturais em África. O Estado de direito e a liderança são os pilares de uma instituição dedicada e transparente. Uma política fiável e funcional necessita de pessoal qualificado que tenha a determinação de elevar a África. Penso que as medidas que se seguem seriam provavelmente estratégias e abordagens instrumentais.

A) É necessário um maior empenhamento dos países europeus na reconstrução de África. A rápida reconstrução de África e o seu desenvolvimento económico poderiam aumentar os incentivos para muitos jovens do continente. Deveria ser elaborado um plano europeu global para a reconstrução de África. 85 % da população de África tem menos de 25 anos. Se não houver uma solução a longo prazo, este número revela o grande perigo que os próximos dez anos trarão para a Europa.

B) Os europeus devem ter uma posição comum para promover a boa governação em África. Os europeus devem dizer "Não!" aos ditadores. Sem o Estado de direito, as potencialidades do continente em termos de recursos e as aspirações de desenvolvimento sustentável não serão alcançadas.

C) Disponibilidade dos países europeus e seu empenho em promover o desenvolvimento económico geral em África. A agricultura continua a ser a espinha dorsal de 75% dos países africanos. Estes países sofrem o enorme impacto das alterações climáticas que atrasam e impedem a queda da chuva. Continuam a utilizar bois e cavalos para cultivar a terra. Os agricultores africanos sofrem de enormes problemas de seca e de fertilidade das terras. As pequenas e médias indústrias que o continente possui não conseguem ser competitivas no mercado regional e global. Os enormes impostos e a elevada concorrência na Europa obrigaram os produtos industriais africanos a ficar fora do mercado. As importações baratas da China e dos países ocidentais dominam os mercados de produtos agrícolas e industriais em África, o que leva os produtos locais a ficarem fora do mercado e a falirem. Assim, os europeus devem abrir o seu mercado aos produtos africanos e adotar uma política comercial justa neste domínio. Isto motivará definitivamente a população jovem de África a sonhar o seu próprio "sonho africano", o que poderá provocar um aumento significativo do emprego, aliviando assim as pressões migratórias.

D) O conceito europeu de ajuda ao desenvolvimento tem de ser alterado e seletivo. A ajuda ao desenvolvimento não conseguiu tirar o continente da pobreza. A mudança socioeconómica deve vir de dentro para fora. Nos últimos vinte anos, a ajuda demonstrou uma enorme dependência e falta de criatividade africana e uma confiança económica nula. Além disso, o dinheiro que foi injetado no continente foi parar às mãos erradas de quem beneficiou as suas elites e famílias. Enquanto o resto está a ser depositado nos bancos ocidentais e asiáticos. Muitos líderes ditatoriais do continente chegaram a investir, de forma embaraçosa, no imobiliário e nas boutiques de luxo da Europa, enquanto o seu povo vive menos de um dólar por dia. O neopatrimonialismo, um sistema em que os governantes utilizam os recursos do Estado para benefício pessoal e para garantir a lealdade dos clientes, tornou-se uma questão crítica da política africana.

Resumo:

Devido à pobreza dos africanos, o continente não tem capacidade de negociação com nações poderosas. A escolha de investimento, a enorme concorrência com bens e serviços importados e as alterações climáticas dificultam o potencial do continente. África está dependente dos recursos naturais. A Europa deve abrir o seu mercado aos produtos africanos da indústria ligeira. A Europa tem uma responsabilidade histórica e geopolítica de ajudar África. A alteração das relações comerciais com África é fundamental para que os jovens africanos possam permanecer nos seus países e começar a ganhar a vida. África é um enorme continente de oportunidades. Esta é uma boa notícia para a Europa. Estamos agora num ponto de viragem em que é necessária uma política europeia e africana unificada. Não se trata apenas de dinheiro, mas sim do reforço da governação, da capacitação dos jovens, da educação, do desenvolvimento de capacidades institucionais e humanas, da alteração das relações comerciais; e, assim, a maldição dos recursos será eliminada e o continente começará a construir a sua própria economia.

África continua a ser vista como um "continente negro", constituído por quase-estados neo-patrimoniais. Foi construída uma narrativa de vítima segundo a qual se acredita que África é o exemplo das armadilhas da globalização. Isto deu origem a uma abordagem moralista e humanitária de África por parte da UE, que, embora bem-intencionada, não foi, sem dúvida, no melhor interesse de África. A incapacidade de definir os interesses geoestratégicos da Europa em África fomentou a impressão nos círculos da UE de que África é um "continente dispensável". Estou firmemente convencido de que a visão que a UE tem de África tem de mudar se a Europa não quiser assistir ao colapso de África, que depois ameaçará a Europa. Nos últimos anos, a UE tem-se esforçado por traçar um novo rumo nas relações UE-África. A Parceria Estratégica Conjunta África-UE (JAES) foi adoptada em 2007, na sequência da segunda Cimeira África-UE realizada em Lisboa. No entanto, até à data, não tem sido muito bem sucedida. Tem sido afetada pela falta de financiamento e por uma fraca capacidade de execução. Além disso, a União Africana (UA) sofre de uma "falácia de composição". Para além do fraco poder de negociação da UA, os seus membros não estão empenhados nem têm a capacidade de se dedicar. O fracasso de muitos Estados africanos é muito maior. A construção continental em África será, portanto, um desafio tão grande como qualquer outro. A liberalização e a integração económicas em África têm sido prejudicadas pelas políticas europeias e pela falta de vontade de tratar África como um mercado único e de dar livre acesso ao seu mercado aos produtos manufacturados africanos. Entretanto, a democratização em África foi largamente sacrificada a favor da Realpolitik.

O que é necessário é uma verdadeira parceria estratégica entre a UE e África baseada num diálogo de igual para igual, num conjunto de políticas justas e coerentes. É preciso concentrarmo-nos nos verdadeiros problemas centrais. A abordagem da Europa tem de ser selectiva, adaptada e exemplar. A África é sempre vítima de uma crise global que não é criada por ela. A crise financeira mundial e as alterações climáticas afectaram África através de vários canais, como a queda dos preços dos produtos de base e da procura de produtos de base.

Há um velho ditado etíope que diz

Sal: é melhor que te saboreies, caso contrário, podem pensar que és uma pedra e deitar-te fora".

A África salvar-se-á a si própria. E quando o apoio real europeu for acrescentado, a recuperação de África será real.

Bibliografia

Alfred Burdon Ellis, 1887, The *Tshi-speaking Peoples of the Gold Coast of West Africa: Their Religion, Manners Customs, Laws, Language;* editora Chapman and Hall.

A.J. Day, 1982, Border *and Territorial disputes,* Longman group, Reino Unido.

A.C. McEwen, 1971, *The International boundaries of East Africa,* Oxford Publishing.

C. Petri dis, 1983, *Estudos de arte africana, realizações e direcções.*

Carson, J., 2010, U.*S. Policy in Sub-Saharan Africa [Política dos EUA na África Subsariana].* Washington, DC: Departamento de Estado dos EUA.

Erica U., 2005, Os *Objectivos de Desenvolvimento do Milénio e a Migração*

Firoze Manji e Stephen Marks, 2007, *China's Grand Re-entrance into Africa - Mirage or Oasis?,* editora Fahamu / Pambazuka.

Halford J. Mackinder, 1904, *The Geographical Pivot of History,* The Geographical Journal, geographical]".

Horace Campbell, 2007, *China in Africa: Challenging U.S. Global Hegemony.*

Human Rights Watch, 1999, citado em Humphreys, Sachs, Stiglitz, 2007

Relatório Anual da OIM, 2014.

J.C. Anene, 1970, *The International boundaries of Nigeria,* 1885-1960; London publishing.

Jorgen C., 2006, *Migration, Human Smuggling and Trafficking from Nigeria to Europe (Migração, contrabando e tráfico de seres humanos da Nigéria para a Europa)*

Joseph E. Inikori e Stanley L. Engerman (eds), 1992, *The Atlantic Slave Trade: Effects on Economies, Societies and Peoples in Africa, the Americas, and Europe,* Duke University Press.

Klein, H. S., e Jacob K. 1999, *The Atlantic Slave Trade.* Cambridge University Press.

Lauren Ploch, 2007, *Africa Command: U.S. Strategic Interests and the Role of the U.S. Military in Africa,* Relatório CRS para o Congresso.

Macartan H., Jeffrey D. Sachs & Joseph E. Stiglitz eds., 2007, *Escaping the Resource Curse,* Nova Iorque: Columbia University Press.

Macha E, Anna M., Dhananjayan S., 2006, *Migration and Development: Opportunities and Challenges for Policymakers*

Marcus P, Giles M., 2012, *China's Resource Diplomacy in Africa: Powering Development?* Série Economia Política Internacional, Palgrave Macmillan.

Nicky Oppenheimer, 2007, *No more the 'hopeless continent,* in International Herald Tribune.

Pablo B., 2005, *China and the Geopolitics of Oil in the Asian Pacific Region,* documento de trabalho da Nautilus.org.

Pastore E, et al., 2006, *Irregular Migration and Human smuggling across land and sea boarders to Italy,* International Migration.

Patrick M., 1992, *"The Slave Trade: The Formal Demographics of a Global System"* (*O comércio de escravos: a demografia formal de um sistema global*).

Patrick M., 2004, *Slavery, colonialism and economic growth in Dahomey* (1640-1960), Cambridge University Press.

República Popular da China, 2006, *Política Africana da China.* Xinhuanet.

Prescott, J.R.V., 1987, *Political Frontiers and Boundaries,* Londres: Unwin Hyman.

Priya D. e Sven G., 2005, *Internal Migration and Development:* A *Global Perspective*

Ronald S., 1995, *The Black Diaspora: Five Centuries of the Black Experience Outside Africa,* Nova Iorque.

Sayre, A. P. (1999), *Africa,* Twenty-First Century Books.

S.W. Boggs, 1940, *International Boundaries.*

S.Trouval, 1972, *Treaties, Borders, and the Partition of Africa,* The Journal of African History, Cambridge University Press.

Susan M. Puska, 2007, *Resources, Security and Influence: The Role of the Military in China's Africa Strategy,* em China Brief, The Jamestown Foundation.

Relatório Regional Anual do PNUD, 2002, 2013.

Relatório Regional Anual do ACNUR; 2003; 2014.

Relatório Regional Anual do UNODC, 2016.

www.africacradle.org

www.everyculture.com

www.fortuncity.com

www.members.fortunecity.com

I want morebooks!

Buy your books fast and straightforward online - at one of world's fastest growing online book stores! Environmentally sound due to Print-on-Demand technologies.

Buy your books online at
www.morebooks.shop

Compre os seus livros mais rápido e diretamente na internet, em uma das livrarias on-line com o maior crescimento no mundo! Produção que protege o meio ambiente através das tecnologias de impressão sob demanda.

Compre os seus livros on-line em
www.morebooks.shop

Printed by Books on Demand GmbH, Norderstedt / Germany